스크린 영어회화

스크린 영어회화 – 뮬란
Screen English - Mulan

초판 발행 · 2020년 9월 20일

해설 · 라이언 강
발행인 · 이종원
발행처 · (주)도서출판 길벗
브랜드 · 길벗이지톡
출판사 등록일 · 1990년 12월 24일
주소 · 서울시 마포구 월드컵로 10길 56(서교동)
대표 전화 · 02)332-0931 | **팩스** · 02)323-0586
홈페이지 · www.gilbut.co.kr | **이메일** · eztok@gilbut.co.kr

기획 및 책임 편집 · 신혜원 (madonna@gilbut.co.kr) | **표지 디자인** · 최주연 | **본문 디자인** · 조영라
제작 · 이준호, 손일순, 이진혁 | **영업마케팅** · 김학흥, 장봉석 | **웹마케팅** · 이수미, 최소영 | **영업관리** · 김명자, 심선숙
독자지원 · 송혜란, 홍혜진

편집진행 및 교정 · 오수민 | **전산편집** · 조영라 | **오디오 녹음 및 편집** · 와이알 미디어
CTP 출력 · 예림인쇄 | **인쇄** · 예림인쇄 | **제본** · 예림바인딩

▶ 잘못 만든 책은 구입한 서점에서 바꿔 드립니다.
▶ 이 책은 저작권법에 따라 보호받는 저작물이므로 무단전재와 무단복제를 금합니다.
　이 책의 전부 또는 일부를 이용하려면 반드시 사전에 저작권자와 (주)도서출판 길벗의 서면 동의를 받아야 합니다.
▶ 책 내용에 대한 문의는 길벗 홈페이지(www.gilbut.co.kr) 고객센터에 올려 주세요.

ISBN 979-11-6521-064-9 03740 (길벗 도서번호 301046)

▶ 이 도서의 국립중앙도서관 출판예정도서목록(CIP)은 서지정보유통지원시스템 홈페이지(http://seoji.nl.go.kr)와
　국가자료종합목록 구축시스템(http://kolis-net.nl.go.kr)에서 이용하실 수 있습니다. (CIP제어번호: CIP2020004401)

정가 18,000원

독자의 1초를 아껴주는 정성 길벗출판사

길벗 | IT실용서, IT/일반 수험서, IT전문서, 경제경영서, 취미실용서, 건강실용서, 자녀교육서
더퀘스트 | 인문교양서, 비즈니스서
길벗이지톡 | 어학단행본, 어학수험서
길벗스쿨 | 국어학습서, 수학학습서, 유아학습서, 어학학습서, 어린이교양서, 교과서

페이스북 · www.facebook.com/gilbuteztok
네이버 포스트 · http://post.naver.com/gilbuteztok
유튜브 · https://www.youtube.com/gilbuteztok

Disney
뮬란

독자의 1초를 아껴주는 정성!

세상이 아무리 바쁘게 돌아가더라도
책까지 아무렇게나 빨리 만들 수는 없습니다.
인스턴트 식품 같은 책보다는
오래 익힌 술이나 장맛이 밴 책을 만들고 싶습니다.

길벗이지톡은 독자여러분이
우리를 믿는다고 할 때 가장 행복합니다.
나를 아껴주는 어학도서,
길벗이지톡의 책을 만나보십시오.

독자의 1초를 아껴주는

정성을 만나보십시오.

미리 책을 읽고 따라해본 2만 베타테스터 여러분과
무따기 체험단, 길벗스쿨 엄마 2% 기획단,
시나공 평가단, 토익 배틀, 대학생 기자단까지!
믿을 수 있는 책을 함께 만들어주신 독자 여러분께 감사드립니다.

홈페이지의 '독자마당'에 오시면
책을 함께 만들 수 있습니다.

(주)도서출판 길벗 www.gilbut.co.kr
길벗 이지톡 www.gilbut.co.kr
길벗 스쿨 www.gilbutschool.co.kr

mp3 파일 다운로드 무작정 따라하기 

이지톡 홈페이지 (www.gilbut.co.kr) 회원 (무료 가입) 이 되면 오디오 파일 및 관련 자료를 다양하게 이용할 수 있습니다.

1단계 로그인 후 도서명 ▼ [　　　　　　　　　] 검색 에 찾고자 하는 책이름을 입력하세요.

2단계 검색한 도서로 이동하여 〈자료실〉 탭을 클릭하세요.

3단계 mp3 및 다양한 서비스를 받으세요.

30장면으로 끝내는

스크린 영어회화

Disney 뮬란

해설 라이언 강

길벗
이지:톡

재미와 효과를 동시에 잡는 최고의 영어 학습법!
30장면만 익히면 영어 왕초보도 영화 주인공처럼 말한다!

재미와 효과를 동시에 잡는 최고의 영어 학습법!

영화로 영어 공부를 하는 것은 이미 많은 영어 고수들에게 검증된 학습법이자, 많은 이들이 입을 모아 추천하는 학습법입니다. 영화가 보장하는 재미는 기본이고, 구어체의 생생한 영어 표현과 자연스러운 발음까지 익힐 수 있기 때문이죠. 잘만 활용한다면, 원어민 과외나 학원 없이도 살아있는 영어를 익힐 수 있는 최고의 학습법입니다. 영어 공부가 지루하게만 느껴진다면 비싼 학원을 끊어놓고 효과를 보지 못했다면, 재미와 실력을 동시에 잡을 수 있는 영화로 영어 공부에 도전해보세요!

영어 학습을 위한 최적의 영화 장르, 애니메이션!

영화로 영어를 공부하기로 했다면 영화 장르를 골라야 합니다. 어떤 영화로 영어 공부를 하는 것이 좋을까요? 슬랭과 욕설이 많이 나오는 영화는 영어 학습에는 별로 도움이 되지 않습니다. 실생활에서 자주 쓰지 않는 용어가 많이 나오는 의학 영화나 법정 영화, SF영화도 마찬가지죠. 영어 고수들이 추천하는 장르는 애니메이션입니다. 애니메이션에는 문장 구조가 복잡하지 않으면서 실용적인 영어 표현이 많이 나옵니다. 또한 성우들의 깨끗한 발음으로 더빙 되어있기 때문에 발음 훈련에도 도움이 되죠. 이 책은 디즈니의 〈뮬란〉 대본을 소스로, 현지에서 사용하는 생생한 표현을 배울 수 있습니다.

전체 대본을 공부할 필요 없다! 딱 30장면만 공략한다!

영화 대본도 구해놓고 영화도 준비해놨는데 막상 시작하려니 어떻게 공부를 해야 할 지 막막하다고요? 영화를 통해 영어 공부를 시도하는 사람은 많지만 좋은 결과를 봤다는 사람을 찾기는 쉽지 않습니다. 어떻게 해야 효과적으로 영어를 공부할 수 있을까요? 무조건 많은 영화를 보면 될까요? 아니면 무조건 대본만 달달달 외우면 될까요? 이 책은 시간 대비 최대 효과를 볼 수 있는 학습법을 제시합니다. 전체 영화에서 가장 실용적인 표현이 많이 나오는 30장면을 뽑았습니다. 실용적인 표현이 많이 나오는 대표 장면 30개만 공부해도, 훨씬 적은 노력으로 전체 대본을 학습하는 것만큼의 효과를 얻을 수 있죠. 또한 이 책의 3단계 훈련은 30장면 속 표현을 효과적으로 익히고 활용하는 데 도움을 줍니다. ❶ 핵심 표현 설명을 읽으며 표현에 대한 전반적인 이해를 하고 ❷ 패턴으로 표현을 확장하는 연습을 하고 ❸ 확인학습으로 익힌 표현들을 되짚으며 영화 속 표현을 확실히 익히는 것이죠. 유용한 표현이 가득한 30장면과 체계적인 3단계 훈련으로 영화 속 표현들을 내 것으로 만드세요!

이 책은 스크립트북과 워크북, 전 2권으로 구성되어 있습니다. 이 책은 스크립트북으로 전체 대본과 번역, 주요 단어와 표현 설명이 포함되어 있습니다. 각 Day마다 가장 실용적인 표현이 많이 나오는 장면이 표시되어 있습니다. 이 장면을 워크북에서 집중 훈련합니다.

영화의 전체 대본을 실었습니다.

오디오 파일로 발음을 확인할 수 있습니다. 오디오 파일에는 대사만 녹음되어 있습니다.

전체 번역을 실었습니다.

이 장면을 워크북에서 훈련합니다.

주요 표현과 단어를 풀이했습니다.

뮬란 Mulan

파씨 가문의 외동딸로 여성스러움과는 거리가 먼 천방지축입니다. 부모님의 기대에 부응하기 위해 조신한 숙녀가 돼보려고 부단히 노력하지만, 결국 아버지를 대신해 남장을 하고 전쟁터에 뛰어듭니다.

리샹 Li Shang

카리스마와 리더십은 물론, 훈훈한 얼굴까지 겸비한 무사입니다. 뮬란의 도움으로 전쟁에서 승리하지만, 나중에 뮬란이 여자란 걸 알고 외면합니다. 하지만, 뮬란을 내심 좋아하는 것 같아요.

무슈 Mushu

뮬란을 보호하기 위해 조상들이 보낸 수호신으로, 도마뱀처럼 생겼지만 사실 용입니다. 말도 많고 익살스럽지만, 수호신답게 신의와 지혜도 두루 겸비했습니다.

파주 Fa Zhou

뮬란의 아버지입니다. 예전에 전쟁을 나갔다가 한 쪽 다리를 크게 다쳐서 거동이 불편합니다. 딸 뮬란을 그 누구보다도 사랑하고 가문의 명예를 목숨보다도 중요하게 여기죠.

야오, 링, 치엔포 Yao & Ling & Chien Po

뮬란의 군대 동료 삼총사입니다. 애꾸눈에 산적 같은 인상의 야오는 알고 보면 정도 많고 허당입니다. 예쁜 여자를 좋아하는 링은 약골이고요, 늘 불경을 외고 다니는 치엔포는 힘이 장사입니다.

차례

The Hun's Invasion of China

훈족의 중국 침략

EXT. THE GREAT WALL – NIGHT
Chinese guard is walking on The Great Wall. A **falcon swoops** down and hits the guard on the head **knocking** his helmet **off**. The falcon lands on top of a flag pole in front of a full moon and lets out a large cry. One grappling hook comes over The Great Wall, the guard walks over to the edge and sees many **grappling hooks** coming towards him.

GUARD (running back to his **post**) We're **under attack**! Light the signal!

IN THE GARRISON
Guard runs to the tower and up the ladder as two strong Huns appear trying to stop him. Guard **barely** reaches the top then picks up the torch to **light** the fire and sees Shan-Yu jump over the edge of the tower. Guard lights the **signal** with a torch, while staring at the Hun leader; other signals go on all the way along the Great Wall.

GUARD Now all of China knows you're here.

The Hun leader picks up a flag and toasts it in the signal fire.

SHAN-YU Perfect.

INT. EMPEROR'S PALACE – NIGHT
Doors **burst open**. The Chinese **General** and two soldiers walk into the Emperor's **chamber** and bow.

외부. 만리장성 – 밤
중국인 병사가 만리장성을 걷고 있다. 매 한 마리가 쉬익 날아 내려와 그 병사의 투구를 쳐낸다. 매는 보름달 앞의 깃대 꼭대기에 착지하고 크게 운다. 장벽에 갈고리 하나가 넘어오고, 그 병사가 난간으로 다가가자 여러 개의 갈고리가 그를 향해 날아온다.

수비병 (초소로 달려오며) 적들이 쳐들어왔다! 봉화에 불을 붙여라!

요새 안
병사는 탑으로 달려가 사다리에 오르려는데 두 명의 건장한 훈족이 나타나 그를 막으려고 한다. 병사가 간신히 꼭대기에 당도하여 횃불을 뽑아 드는데 탑 난간을 뛰어넘은 샨유의 모습에 보인다. 병사는 훈족 대장을 응시하며 봉화에 불을 붙인다; 만리장성을 따라 다른 봉화에도 모두 신호를 알리는 불이 타오른다.

수비병 이제 너희가 온 것을 이 나라 전체가 안다.

훈족 대장이 깃발을 꺾어 봉화대 불에 그슬린다.

샨유 잘 됐군.

내부. 황제의 궁전 – 밤
문들이 벌컥 열린다. 중국의 장군과 두 명의 병사가 황제의 방으로 들어와 절을 한다.

---

falcon 매

swoop (새가) 급강하하다, 위에서 덮치다

knock off ~을 쳐서 떨어뜨리다

grappling hook 잡아 거는 갈고리

post (병사 등의 근무) 위치/구역

under attack 공격을 받고 있는

garrison 수비대, 요새, 주둔지

barely 가까스로

light 불을 붙이다

signal (경고) 신호

burst open 벌컥 열다/열리다

general 장군

chamber 회의실, ~원, ~실

GENERAL Your Majesty, the Huns have crossed our Northern Border.

CHI FU (shocked) Impossible! No one can get through the Great Wall.

The Emperor holds up his hand.

GENERAL (**solemnly**) Shan-Yu is leading them. We'll **set up defenses** around your palace immediately.

Sharp intakes. This is no ordinary **invader**.

EMPEROR No! (standing up) Send your troops to protect my people! Chi Fu!

CHI FU Yes, Your Highness.

EMPEROR Deliver **conscription notices** throughout all the provinces. Call up **reserves**, and as many new recruits as possible.

GENERAL Forgive me, Your Majesty, but I believe my troops can stop him.

EMPEROR **I won't take any chances**[1], General. A single grain of rice can **tip the scale**; one man may be the difference between victory and **defeat**.

장군 폐하, 훈족이 우리의 북쪽 국경을 넘었다고 하옵니다.

치푸 (충격에 빠져) 그런 말도 안 되니! 이 세상에 만리장성을 넘을 수 있는 자는 없소.

황제가 손을 올려 제지한다.

장군 (엄숙하게) 적장이 '샨유'라고 합니다. 즉시 황궁을 방어토록 하겠습니다.

숨이 턱 막힌다. 그는 평범한 침략자가 아니다.

황제 아니오! (일어서며) 어서 군대를 보내 백성들을 보호하시오! 치푸!

치푸 네, 전하.

황제 전국에 징병 통지서를 전하시오. 예비군을 소집하고, 신병들을 최대한 많이 모으시오.

장군 송구하오나, 폐하, 소인의 군대로 그를 막을 수 있을 것이옵니다.

황제 난 도박을 하고 싶지 않소, 장군. 쌀 한 톨이 저울을 기울게 하는 법; 용사 한 명이 승부를 가르게 될 수도 있는 거요.

INT. MULAN'S BEDROOM – DAY
CLOSE ON a bowl of rice. A pair of chopsticks reach for a mouthful. PAN UP to reveal MULAN, a high-spirited girl of 17 reading a scroll and copying notes onto her arm.

내부. 뮬란의 침실 – 낮
쌀밥 한 그릇이 클로즈업된다. 젓가락 한 짝이 음식을 향한다. 활달한 17살 소녀, 뮬란이 보이고 그녀가 두루마리를 읽으며 팔에 내용을 옮겨 적는다.

---

solemnly 근엄하게, 엄숙하게

set up defenses 요새/방어시설을 만들다

sharp intake 숨을 급히 들이쉼

invader 침략자/군/국

conscription notice 징병 통지서

reserve 예비군, 예비역 인원

tip the scale 저울의 한쪽을 기울게 하다, 상황을 바꾸다

defeat 패배

---

❶ I won't take any chances.
절대 운에 맡길 수는 없다.
take a chance는 어떤 일을 할 때 '운에 맡기고 해 본다'는 의미로 여기서는 부정형으로 쓰였으니 '운에 맡길 수는 없다' 즉, 요행을 바라지 않고 최대한 확실한 방법을 강구하겠다는 뜻입니다.

MULAN (reading) Quiet and **demure**... graceful, polite (taking a bite) ... um... delicate... (mouth full) **refined... poised...**

뮬란 (읽으며) 조용하고 얌전하며… 우아하고, 예의 바르며 (한 입 먹고) … 음… 섬세하며… (음식을 입에 가득 물고) 기품이 있고… 침착하며…

She dips her brush in ink and adds one last thing.

그녀가 붓을 먹물에 담그며 마지막 한 소절을 더 쓴다.

MULAN ... punctual!

뮬란 … 정확하게!

EXT. ROOF
A ROOSTER CROWS.

외부. 지붕
수탉이 꼬끼오하며 운다.

INT. MULAN'S BEDROOM
Mulan looks out the window and quickly gets up. She rushes out into MAIN ROOM. She looks around.

내부. 뮬란의 침실
뮬란이 창밖을 보며 재빨리 일어난다. 그녀가 안방으로 뛰어들어간다. 주위를 둘러본다.

MULAN Little brother!

뮬란 귀염둥이 동생아!

She runs in another direction, blowing on her arm.

그녀가 자신의 팔을 후후 불며, 다른 쪽으로 달려간다.

MULAN Little brother! Little—

뮬란 귀염둥이 동생아! 귀염—

She stops as she spots her dog lying on the ground.

그녀의 강아지가 바닥에 누워있는 것을 보고 그녀가 멈춰 선다.

MULAN Ahh, **there you are!**[1]

뮬란 아, 너 거기 있었구나!

On an **adorable** little, little dog.

사랑스럽고 작은 강아지의 모습.

MULAN (playfully) Who's the smartest doggie in the world? C'mon, smart boy...

뮬란 (장난치며) 세상에서 제일 똑똑한 멍멍이가 누굴까? 말해봐요, 똘똘이…

The dog **pants** excitedly. Mulan picks up a bag of grain.

강아지가 흥분해서 헐떡댄다. 뮬란이 곡물 봉지를 집어 든다.

MULAN Can you help me with my **chores** today?

뮬란 오늘 집안일 좀 거들어 주겠니?

Tying the bag to his tail and a bone over his head, she opens the door. As the dog chases the bone into the yard, the grain bag breaks, sending the chickens into a **feeding frenzy**.

강아지의 꼬리에 봉지를 묶고, 머리 위로 뼈다귀를 묶은 후 그녀가 문을 연다. 강아지가 뼈다귀를 쫓아 마당으로 뛰어나가다, 곡물 봉지가 터지고, 그것을 본 닭들이 서로 경쟁하듯 득달같이 달려든다.

---

demure (태도 등이) 얌전한, 조용한
refined 교양/품위 있는
poised 침착한
punctual 시간을 지키는/엄수하는
adorable 사랑스러운
pant (숨을) 헐떡이다
chores 잡일, 가사노동, 허드렛일
feeding frenzy (먹잇감에) 떼 지어 몰려드는 것, 다툼

❶ There you are!
너 여기 있었구나!
찾고 있었던 대상이 나타났을 때 혹은 찾았을 때 외치는 말이에요. 다른 문맥에서는 상대방이 원하거나 부탁한 것을 주면서 '자, 여기 있어요'라는 뜻으로 쓰기도 합니다.

Uphold the Family Honor

가문의 명예를 지켜라

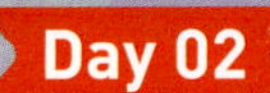

EXT. FA FAMILY **TEMPLE**
The hungry dog **pursues** the bone, running towards the TEMPLE.

외부. 파 가문의 회당
배고픈 강아지가 뼈다귀를 뒤쫓으며 회당 쪽으로 뛰어간다.

INT. FA FAMILY TEMPLE
FA ZHOU, Mulan's **dignified** father, **kneels** before the **ancestral** stone **beis** and lights **incense**.

내부. 파 가문의 회당
뮬란의 위엄 있는 아버지, 파주가 조상들의 묘비와 향로 앞에서 무릎을 꿇는다.

바로 이 장면!

FA ZHOU (praying) **Honorable Ancestors**, please help Mulan **impress** the **matchmaker** today.

파주 (기도하며) 존경하는 조상님들, 오늘 뮬란이 중매쟁이의 마음에 쏙 들도록 도와주소서.

The dog runs in; seconds later the chickens enter, **pecking** at the spilled grain.

강아지가 뛰어들어온다; 몇 초 후 닭들이 쏟아진 낱알들을 쪼아 먹으면서 들어온다.

FA ZHOU Please... please help her.

파주 제발… 꼭 그녀를 도와주소서.

EXT. THE TEMPLE
Mulan steps up to the temple seeing her dog. She helps him reach the bone.

외부. 회당
뮬란이 그녀의 강아지를 보며 회당으로 발걸음을 옮긴다. 그녀는 강아지가 뼈다귀에 닿을 수 있게 돕는다.

MULAN Father, I brought you some... Whoop!

뮬란 아버지, 제가 뭘 좀 가져왔는데… 아이쿠!

Fa Zhou **bumps into** Mulan, the cup falls to the ground and Fa Zhou catches the teapot with the handle of his cane.

파주가 뮬란과 부딪히며, 찻잔이 바닥에 떨어지고 찻주전자는 파주가 그의 지팡이 손잡이에 건다.

FA ZHOU Mulan...

파주 뮬란…

MULAN I brought a **spare**!

뮬란 제가 여분을 좀 챙겨왔어요!

FA ZHOU Mulan...

파주 뮬란…

---

temple 신전, 사원, 절, 회당

pursue 추구하다, (붙잡기 위해) 뒤쫓다

dignified 위엄 있는, 위풍당당한

kneel 무릎을 꿇다

ancestral 조상의

bei 묘비, 비석 (碑)

incense (종교의식에 쓰이는) 향

honorable 고결한, 지조 있는, 훌륭한

ancestor 조상, 선조

impress 감동을 주다, 깊은 인상을 주다

matchmaker 중매쟁이

peck 쪼다, 쪼아먹다

bump into ~에 부딪히다

spare 여분, 여벌, 예비품

MULAN	Remember, the doctor said three cups of tea in the morning ...	뮬란 의원님께서 아침마다 차를 석 잔씩 드셔야 한다고 했잖아요…
FA ZHOU	Mulan.	파주 뮬란.
MULAN	... and three at night.	뮬란 ⋯ 그리고 밤에도 석 잔.
FA ZHOU	Mulan. You should already be in town. We're **counting on you** to...	파주 뮬란. 지금 넌 마을에 있어야 할 시간이잖니. 우린 널 믿고 있단다…
MULAN	**Uphold** the family **honor**. Don't worry, Father. I won't **let you down**. Wish me luck!	뮬란 가문의 명예를 욕되지 않게 하라. 걱정 마세요, 아버지. 실망시켜 드리지 않을 거예요. 행운을 빌어주세요!
FA ZHOU	Hurry! I'm going to ... pray some more.	파주 서둘러라! 난 ⋯ 기도를 좀 더 할 테니.

EXT. VILLAGE ROAD
A busy street filled with carts and travelers.

외부. 마을의 도로
우마차들과 지나가는 사람들로 가득한 번화가.

WOMAN #1	Fa Li, is your daughter here yet? The Matchmaker is not a **patient** woman.	여인 1 파리. 따님이 아직 안 왔나요? 중매쟁이 여사님은 인내심이 좀 없으셔서요.
FA LI	**Of all the days to be late!**❶ I should have prayed to the ancestors for luck.	파리 왜 하필이면 오늘 같은 날 늦는 거야! 조상님들께 행운을 비는 기도를 더 많이 해야 했던 건데.
GRANDMA FA	How lucky can they be? They're dead. Besides, I've got all the luck we'll need. (holds up a **wicker** cage with a cricket inside) This is your chance to prove yourself.	파 할머니 조상들이 무슨 운이 있겠니? 다 죽었는데. 운은 나한테 맡기렴. (귀뚜라미가 들어있는 버들가지 새장을 들고 있다) 자, 이제 네 존재 이유를 증명해 보일 때가 왔다.

She closes her eyes and steps off the sidewalk.

그녀가 눈을 감고 인도에서 내려온다.

| **FA LI** | Grandma! No! | 파리 할머니! 안 돼요! |

Grandma Fa walks across the street; vehicles crash, but she **emerges unharmed**.

파 할머니가 길을 가로질러 간다; 우마차들이 서로 충돌하지만, 그녀는 전혀 다치지 않고 나온다.

---

count on someone ~을 믿다/의지하다

uphold (법, 원칙 등을) 유지시키다/옹호하다

honor 명예, 영예, 존경/공경하다

let someone down ~를 실망시키다

patient 참을성/인내심 있는

wicker 고리버들, 잔가지로 엮은

emerge 나오다, 모습을 드러내다

unharmed 다치지/손상되지 않은

> ❶ **Of all the days to be late!**
> 왜 하필이면 오늘 같은 날 늦는 거야!
> 대단히 놀라운 상황이나 짜증 나는 상황을 표현하며 'of all (the) ~'이라고 말하면 '(하필이면) 모든 ~중에서', '하고 많은 것들 중에'라는 의미가 됩니다. 예를 들어, of all people '하고 많은 사람 중에', of all the stupid things to do '하필이면 이런 멍청한 짓을 하다니' 이런 식으로 쓸 수 있어요.

GRANDMA FA Yup! This cricket's a lucky one!

Fa Li sighs. Mulan comes riding up on Khan, and **hops off**.

MULAN I'm here! (looks at her mother) What? But, Mama, I had to—

FA LI **None of your excuses.** [1] Now, let's get you cleaned up.

INT. BATH SHOP
The **BATHER** looks Mulan over, and prepares her for a bath.

BATHER (singing) THIS IS WHAT YOU GIVE ME TO WORK WITH
WELL HONEY, I'VE SEEN WORSE
WE'RE GOING TO **TURN THIS SOW'S EAR INTO A SILK PURSE**

Mulan sits in the tub, **shivering**.

MULAN It's freezing!

FA LI It would've been warm if you were here on time.

SPLASH! The Bather **dumps** water onto Mulan, then begins **scrubbing** her hair.

BATHER WE'LL HAVE YOU WASHED AND DRIED
PRIMPED AND POLISHED TILL YOU GLOW WITH PRIDE
TRUST MY RECIPE FOR INSTANT BRIDE
YOU'LL BRING HONOR TO US ALL

파 할머니 그렇지! 이 귀뚜라미가 행운을 가져다 줄 거야!

파리가 한숨을 쉰다. 뮬란이 칸을 타고 나타나, 뛰어내린다.

뮬란 저 왔어요! (어머니를 보며) 왜요? 하지만, 어머니, 저는—

파리 변명은 듣고 싶지 않구나. 자, 어서 목욕재계하러 가자.

내부. 목욕실
목욕을 시켜주는 사람이 뮬란을 훑어보며, 목욕시킬 준비를 한다.

목욕 도우미 (노래) 나한테 이런 애를 씻기라고 하다니
하긴 뭐, 더 심한 경우도 봤으니까
이렇게 볼품없는 사람도 우린
완전 탈바꿈시킬 수 있지

뮬란이 덜덜 떨면서 욕조에 앉는다.

뮬란 너무 추워서 얼어 죽을 것 같아요!

파리 네가 제시간에 도착했으면 물이 안 식었겠지.

철벅! 목욕 도우미가 뮬란에게 물을 끼얹고, 그녀의 머리를 싹싹 문지르기 시작한다.

목욕 도우미 우리가 너를 씻기고 말려 줄게
자랑스럽게 빛날 때까지 치장하고 광내 줄 거야
삽시간에 신부가 되게 하는 나만의 비법을 믿어
명예를 가져다줄 거야

---

hop off 떠나다, 출발하다

bather 목욕시켜 주는 사람, 수영하는 사람

turn/make a sow's ear into a silk purse 변변찮은 재료로 대단한 것을 만들어내다

sow 암퇘지

shiver 떨다, 전율하다

dump (적절치 않은 곳에 쓰레기 등을) 버리다

scrub 문질러 씻다, 청소하다

primp (못마땅함) 몸치장을 하다

[1] **None of your excuses.**
변명은 듣고 싶지 않아.
상대방이 변명을 늘어놓을 때 혼내는 표현으로 자주 쓰는 표현이에요. 비슷한 상황에서 Enough with your excuses! '변명은 이제 충분하니까 그만해!' No more excuses! '더 이상의 변명은 제발 그만!'과 같은 표현을 써도 좋아요.

As Fa Li starts to wash Mulan's arm, she sees the **crib notes**.

FA LI   Mulan, what's this?

MULAN   Uh, notes... **in case** I forget something?

Grandma Fa **hands** the cricket to Fa Li.

GRANDMA FA Hold this. We'll need more luck than I thought.

파리가 뮬란의 팔을 씻기려다. 몰래 보려고 적은 글자들을 본다.

파리 뮬란, 이건 뭐니?

뮬란 어. 메모예요… 혹시라도 기억 못 할 경우를 대비한?

파 할머니가 파리에게 귀뚜라미를 건넨다.

파 할머니 이걸 들고 있거라. 생각했던 것보다 운이 더 필요할 것 같구나.

---

crib note 커닝 페이퍼

in case (혹시라도) ～할 때를 대비해서

hand 건네다

Beads of Jade and the Lucky Cricket

옥구슬과 행운의 귀뚜라미

🎧 03.mp3

INT. HAIRDRESSER'S SHOP
ON MULAN'S **contorted** face as TWO HAIRDRESSERS pull and style her hair.

HAIRDRESSER #1 WAIT AND SEE WHEN WE'RE **THROUGH**

HAIRDRESSER #2 BOYS WILL GLADLY GO TO WAR FOR YOU

HAIRDRESSER #1 WITH GOOD FORTUNE

HAIRDRESSER #2 AND A GREAT **HAIR-DO**

ALL YOU'LL BRING HONOR TO US ALL

EXT. VILLAGE STREET
Mulan leaves the Hairdresser's shop and passes a **xiangqi** game and pauses to make an impressive move. Fa Li comes back and drags Mulan away.

ALL A GIRL CAN BRING HER FAMILY GREAT HONOR **IN ONE WAY** BY **STRIKING** A GOOD MATCH AND **THIS COULD BE THE DAY**❶

INT. DRESSMAKER'S SHOP
TWO **DRESSMAKERS efficiently** wrap Mulan in her gown.

DRESSMAKER #1 MEN WANT GIRLS WITH GOOD TASTE

DRESSMAKER #2 CALM

내부. 미용실
미용사 두 명이 뮬란의 머리를 매만지고 뮬란의 얼굴이 일그러진다.

미용사 1 우리가 완성할 때까지 조금만 기다려 봐

미용사 2 사내들이 앞다퉈 네 환심을 사려 할 거야

미용사 1 좋은 운과

미용사 2 멋진 머리 모양으로

함께 명예를 가져다줄 거야

외부. 마을 거리
뮬란이 미용실에서 나와 장기판을 지나치는데, 잠시 구경하다 결정적으로 말을 움직인다. 파리가 돌아와 그녀를 끌고 간다.

함께 한 여인이 자신의 가문을 빛낼 수 있는 것은 하나 훌륭한 배필을 만나 그리고 오늘이 바로 그날이 될 수 있지

내부. 양장점
두 명의 재단사가 능숙하게 뮬란에게 옷을 두른다.

재단사 1 사내들은 고상한 여인을 원하지

재단사 2 차분하고

---

contorted 왜곡된, 일그러진

through (사용을) 끝낸, 다 쓴/한

hair-do 헤어스타일, 머리모양

xiangqi 상치, 중국 장기

in one way 어떤 의미로는

strike (금, 석유 등) 발견하다

dressmaker (여성복) 재봉사/재단사

efficiently 능률적으로, 효율적으로

❶ **This could be the day.**
오늘이 바로 그날이 될 수도 있다.
오랫동안 기대하며 기다리고 있던 날, 또는 중요한 일이 일어나는 '바로 그날'을 표현할 때 the day라고 해요. 예를 들어, This is the day we've been waiting for! '오늘이 바로 우리가 기다리던 그날이다' 더 간단하게 This is the day! '오늘이 바로 그날이야!' 이렇게 말할 수도 있답니다.

FA LI	OBEDIENT	**파리** 순종적이고
DRESSMAKER #1	WHO WORK **FAST PACED**	**재단사 1** 손이 빠르고
FA LI	WITH **GOOD BREEDING**	**파리** 가정교육을 잘 받아 예의 바르고
DRESSMAKER #2	AND A TINY WAIST (she pulls **sash** extremely tight)	**재단사 2** 그리고 허리가 잘록한 여자를 (그녀가 허리띠를 꽉 조여 맨다)
MULAN	(gasp) Huh.	**뮬란** (숨이 턱 막혀) 허.
ALL	YOU'LL BRING HONOR TO US ALL	**함께** 명예를 가져다줄 거야

EXT. VILLAGE STREET
Mulan follows Fa Li and sees boy stealing a doll from a girl. Mulan grabs the doll from the boy and returns it to its owner.

외부. 마을 거리
뮬란이 파리를 따라가다 소년이 소녀의 인형을 가져가는 것을 본다. 뮬란은 소년에게서 인형을 뺏어 소녀에게 돌려준다.

ALL	WE ALL MUST SERVE OUR EMPEROR WHO GUARDS US FROM THE HUNS A MAN BY **BEARING ARMS** A GIRL BY **BEARING** SONS	**함께** 우리는 황제를 섬겨야 하네 훈족으로부터 우리를 지켜 주는 그분을 위해 사내는 무기를 들고 여자는 아들을 낳고

INT. MAKE-UP ARTIST'S SHOP
MAKE-UP WOMAN paint Mulan's face.

내부. 화장 전문점
화장 전문가 여인이 뮬란의 얼굴에 화장을 한다.

ALL	WHEN WE'RE THROUGH YOU CAN'T FAIL LIKE A **LOTUS BLOSSOM** SOFT AND PALE HOW COULD ANY **FELLOW** SAY "**NO SALE**" YOU'LL BRING HONOR TO US ALL	**함께** 우리가 화장을 끝내면 넌 실패할 리 없어 부드럽고 핼쑥하게 피어나는 연꽃과 같은 너에게 어떤 녀석이 "싫어" 라고 말하겠냐고 명예를 가져다줄 거야

She holds a mirror up. Mulan is the perfect **porcelain** vision... she takes a tiny piece of hair and curls it over her forehead. That's better. Fa Li unwraps a cloth, **revealing** a beautiful hair comb. **Lovingly**, she **places** it in Mulan's hair.

그녀가 거울을 올려 든다. 뮬란의 모습이 완벽한 도자기 빛깔 같다… 그녀가 자신의 머리카락 몇 올을 빼서 이마 위로 말아놓는다. 더 보기 좋다. 파리가 천을 펼치자 아름다운 머리빗이 드러난다. 그녀가 조심스레 빗을 뮬란의 머리에 꽂는다.

---

obedient 순종적인, 말을 잘 듣는

fast paced 빨리 진행되는, 템포가 빠른

good breeding 올바른 예의범절, 가정교육을 잘 받음

sash (몸에 두르는) 띠

bear arms 무기를 들다, 무장하다

bear (아이를) 낳다, 출산하다

lotus 연꽃, (미술, 조각의) 연 그림

blossom 꽃, 꽃이 피다

fellow (남자나 소년) 녀석/친구

no sale 안 된다, 어림없다

porcelain 자기

reveal 드러내다, 밝히다, 폭로하다

lovingly 귀여워하여, 사랑하여

place (조심스럽게) 놓다, 두다

바로 이장면!*

FA LI There, you're ready.	**파리** 자, 이제 다 되었구나.

Mulan and her mother share a warm smile as Grandmother Fa enters, her arms full of **various good luck charms**.

뮬란과 어머니가 서로를 따뜻한 미소로 바라보고 있는데 파 할머니가 그녀의 팔에 온갖 종류의 행운의 부적들을 걸치고 나타난다.

GRANDMA FA   Not yet.

파 할머니   아직 아냐.

She **waddles** over and **stuffs** an apple into Mulan's mouth.

그녀가 뒤뚱뒤뚱 걸어와서 뮬란의 입에 사과를 밀어 넣는다.

GRANDMA FA   An apple for **serenity**… (pinning)
A **pendant** for balance…

파 할머니   마음의 평안을 위한 사과… (꽂으며) 조화를 이루는 보석…

She places the **jade** necklace around Mulan's neck.

그녀가 뮬란의 목에 옥 목걸이를 걸어준다.

GRANDMA FA   BEADS OF JADE FOR BEAUTY
YOU MUST **PROUDLY** SHOW IT
NOW ADD A CRICKET JUST FOR LUCK
AND EVEN YOU CAN'T **BLOW** IT.

파 할머니   아름다움을 위한 옥구슬
자랑스럽게 보여줘야 해
행운을 위해 귀뚜라미를 더하면
제아무리 너라도 망치지 못할 거야

Grandma Fa ties the cricket to Mulan's waist.

파 할머니가 뮬란의 허리에 귀뚜라미를 묶어 맨다.

MULAN   ANCESTORS HEAR MY **PLEA**
HELP ME NOT TO **MAKE A FOOL OF ME**
AND TO NOT **UPROOT** MY FAMILY TREE
KEEP MY FATHER **STANDING TALL**

뮬란   조상님들 제 간청을 들어주세요
제가 웃음거리가 되지 않도록 도와주세요
그리고 우리 가문의 명예에 먹칠하지 않도록
우리 아버지가 당당할 수 있도록

EXT. VILLAGE PLACE
Fa Li and Grandma Fa proudly watch as Mulan heads off to meet the Matchmaker.

외부. 마을 광장
뮬란이 중매쟁이를 만나러 가는 모습을 파리와 할머니가 자랑스럽게 바라본다.

---

various 여러 가지의, 각양각색의

good luck charm 행운의 부적, 행운을 가져오는 것

waddle 뒤뚱뒤뚱 걷다

stuff (빽빽이) 채우다/채워 넣다

serenity (마음, 생활) 평온, 평정

pendant 펜던트 (목걸이 줄에 거는 보석)

jade 옥, 비취

proudly 자랑스럽게, 위풍당당하게

blow 기회를 날리다, 망치다

plea 애원, 간청, 답변/항변

make a fool of someone ~을 놀리다

uproot 뿌리째 뽑다, 근절하다

stand tall 자신만만해/당당해 보이다

Disney MULAN

Please Bring Honor to Us All

부디 우리에게 명예를 주소서

🎧 04.mp3

Mulan joins **a row of** girls **approaching** the Matchmaker's room.

뮬란이 중매쟁이의 방으로 다가가고 있는 다른 여자들의 대열에 합류한다.

YOUNG GIRLS SCARIER THAN THE **UNDERTAKER**
WE ARE MEETING OUR MATCHMAKER

젊은 여인들 장의사보다도 더 무서운
중매쟁이를 만나러 간다네

ALL **DESTINY** GUARD OUR GIRLS
AND OUR FUTURE AS IT FAST **UNFURLS**
PLEASE LOOK KINDLY ON THESE
CULTURED PEARLS
EACH A PERFECT **PORCELAIN DOLL**
PLEASE BRING HONOR TO US
PLEASE BRING HONOR TO US
PLEASE BRING HONOR TO US
PLEASE BRING HONOR TO US
PLEASE BRING HONOR TO US ALL

함께 운명의 신이시여 우리 딸들을 인도하소서
그리고 곧장 펼쳐질 우리의 앞길을
이 양식 진주들을 온화하게 살펴주소서
각자가 완벽한 도자기 인형들이옵니다
부디 우리에게 명예를 주소서
부디 우리에게 명예를 주소서
부디 우리에게 명예를 주소서
부디 우리에게 명예를 주소서
부디 우리 모두에게 명예를 주소서

The girls **bow down** with parasols… THE MATCHMAKER **steps outside**, looks at her **notepad** and calls out.

여자들이 양산을 들고 절을 한다… 중매쟁이가 문 밖으로 나와 종이를 보며 외친다.

MATCHMAKER Fa Mulan!

중매쟁이 파 뮬란!

Mulan **eagerly** looks up and waves.

뮬란이 적극적으로 위를 올려다보며 손을 흔든다.

MULAN Present!

뮬란 여기 왔어요!

MATCHMAKER (writing; **displeased**) Speaking without **permission**…

중매쟁이 (적으며; 불편한 표정으로) 허락 없이 말하기…

MULAN Oops.

뮬란 오 이런.

Mulan steps inside as her mother and grandmother look after her **apprehensively**.

뮬란이 들어가고 그녀의 어머니와 할머니가 우려하는 표정으로 그녀를 바라본다.

---

a row of 일렬의

approach 다가가다/오다

undertaker 장의사

destiny 운명

unfurl (말린 것이) 펼쳐지다/펴지다

cultured pearl 양식 진주

porcelain doll 자기로 만든 인형

bow down 절하다, 머리를 조아리다

step outside 밖으로 나가다, 자리를 뜨다

notepad 메모장, 메모지/편지지

eagerly 열망하여, 열심히, 간절히

present 참석/출석한

displeased 화난, 불쾌하게 생각하는

permission 허락, 허가

apprehensively 걱정/우려/불안해하며

GRANDMA FA **Who spit in her bean curd.**❶

INT. MATCHMAKER'S ROOM
Mulan stands silently as the Matchmaker circles her, **inspecting**.

MATCHMAKER Too skinny... hmm... Not good for bearing sons.

As she makes note, the cricket escapes and jumps onto the Matchmaker's shoulder. Mulan grabs him; tosses him. He hops back onto Mulan's shoulder, her head— he won't leave. As the Matchmaker turns to face Mulan, she pops the cricket into her mouth.

바로 이 장면! *

MATCHMAKER **Recite** the final **admonition**.

MULAN (mouth full) Mmmm... hmmm.

MATCHMAKER Well?

A pause, then Mulan opens her fan and...

MULAN (coughing; spitting) Ptoo!

... spits out the cricket. Now, to impress her.

MULAN **Fulfill** your duties calmly and...

Needing help, she **pulls up her sleeve**.

MULAN (trying to read **smeared** arm) ...Respectfully. **Reflect** before you snack— act!

The Matchmaker circles her, listening.

파 할머니 누가 그녀의 두부에 침이라도 뱉었나.

내부. 중매쟁이의 방
뮬란이 얌전히 서 있고 중매쟁이가 그녀의 주위를 돌며 살핀다.

중매쟁이 너무 말랐네… 흠… 아들 낳기에 적합한 체형이 아니야.

그녀가 적는 동안 귀뚜라미가 장에서 나와 중매쟁이의 어깨 위로 뛰어오른다. 뮬란이 그를 잡아서 던진다. 그가 다시 뮬란의 어깨 위로 뛰어오르고, 그녀의 머리 위로— 계속 머물러 있다. 중매쟁이가 뮬란에게로 돌아서는 순간, 뮬란이 불쑥 자기 입안으로 귀뚜라미를 넣는다.

중매쟁이 강령의 마지막 장을 읽어보아라.

뮬란 (입안이 가득한 채) 음음… 흐음.

중매쟁이 못 하겠니?

잠시 정적, 그 이후 뮬란이 부채를 편다. 그리고…

뮬란 (기침하며; 침을 뱉으며) 퉤!

… 귀뚜라미를 내뱉는다. 이제, 중매쟁이에게 좋은 인상을 남기려고 한다.

뮬란 얌전히 네 의무를 다하라 그리고…

도움이 필요한 뮬란이 소매를 걷어 올린다.

뮬란 (얼룩진 팔에 쓰여 있는 문구를 읽으려 한다) …공손하게. 캥동— 행동하기 전에 생각하라!

중매쟁이가 귀를 기울이며, 그녀의 주위를 돈다.

---

inspect 점검/검사하다
recite 암송/낭독/낭송하다
admonition 책망, 경고, 꾸짖음
fulfill (의무, 약속) 다하다, 이행하다
pull up one's sleeve 소매를 걷어 올리다
smear 마구 바르다/문지르다
respectfully 공손하게, 정중하게
reflect 생각하다, 심사숙고하다

❶ **Who spit in her bean curd.**
누가 그녀의 두부에 침이라도 뱉었나.
누가 내 음식이나 물건에 침을 뱉으면 기분이 무척 나쁘겠죠? 이 표현도 그런 맥락에서 중매쟁이의 날 선 태도를 보고 '(누가 그녀 두부에 침이라도 뱉었는지) 기분 나빠 보이는군'이라고 해석할 수 있어요. 참고로 bean curd는 우리가 흔히 먹는 두부(tofu; 토푸)의 영어 표현입니다.

MULAN	(quickly) This shall bring you honor and glory.	뮬란 (재빠르게) 이것이 너에게 명예와 영광을 가져다줄 것이다.

She **breathes a sigh of relief**. Not so fast. The Matchmaker **snatches** the fan **away**, looking it over.

그녀가 안도의 한숨을 쉰다. 하지만 그러기엔 아직 이르다. 중매쟁이가 부채를 홱 낚아채며 그녀를 살핀다.

MATCHMAKER (**suspiciously**) Hmmm...

중매쟁이 (의심스러운 눈초리로) 흐음…

Finding nothing, she grabs Mulan's arm and leads her off.

아무것도 발견하지 못한 중매쟁이가 뮬란의 팔을 잡고 다른 쪽으로 이끌고 간다.

MATCHMAKER This way!

중매쟁이 이쪽으로!

Her hand covered with black ink from Mulan's arm.

뮬란의 팔에서 묻은 먹물로 중매쟁이의 손이 더럽혀졌다.

MATCHMAKER Now, pour the tea.

중매쟁이 자, 차를 따라보거라.

Pushing a teapot towards Mulan.

찻주전자를 뮬란에게 민다.

MATCHMAKER To please your future **in-laws**, you must **demonstrate** a sense of **dignity**.

중매쟁이 미래의 시부모를 기쁘게 해드리려면 품위 있게 행동하는 모습을 보여줘야만 한다.

She rubs her fingers on her face, leaving an ink moustache. Mulan stares, and accidentally pours tea onto the table.

그녀가 자신의 손가락을 얼굴에 문지른다; 콧수염 모양의 먹물 자국이 남는다. 뮬란이 그 모습을 보고 놀라 뜻하지 않게 차를 탁자에 따르고 만다.

MATCHMAKER (eyes closed; **grandly**) ...and **refinement**.

중매쟁이 (눈을 감으며; 웅대하게) …그리고 교양이 있어야 하지.

Mulan sees the cricket relaxing in the tea cup. She panics.

뮬란이 귀뚜라미가 찻잔 속에서 한가로이 노니는 모습을 본다. 그녀가 경악한다.

MATCHMAKER You must also be poised.

중매쟁이 그리고 또 차분해야만 한다.

The Matchmaker takes the cup.

중매쟁이가 컵을 든다.

MULAN Umm... **pardon me.** [1]

뮬란 음… 저기요.

MATCHMAKER ...and silent!!

중매쟁이 …그리고 말이 없어야 해!!

---

breathe a sigh of relief 안도의 한숨을 쉬다
snatch something away 낚아/잡아채다
suspiciously 수상쩍다는 듯이, 의혹을 갖고
in-law 결혼으로 형성된 인척 관계의
demonstrate (행동을) 보여주다/발휘하다
dignity 위엄, 품위
grandly 웅장하게, 당당하게
refinement 교양, 품위, 고상함

[1] **Pardon me.**
저기요.
자신이 가벼운 실수 등을 했을 때 '미안해요, 죄송합니다'라는 의미로 쓰기도 하고, 상대방의 말을 알아듣지 못했을 때 다시 말해 달라는 뜻으로 '죄송하지만 뭐라고 하셨나요?'라고도 쓰는데, 위에서와 같이 상대방을 부를 때 '저기요, 여보세요'라는 의미로 쓸 수도 있답니다.

A Perfect Bride
완벽한 신부

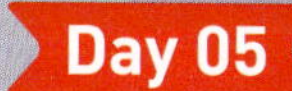

Mulan's **stuck**. She watches as the cricket's **antennae curl up** towards the Matchmaker's nose on each **inhale**.

MULAN   (trying to **remain calm**) Ummm... uh... could I just— (reaching for the cup) ... **take** that **back**— one moment...

She **tugs** at the cup. SPLASH! The tea spills on the Matchmaker as the cricket leaps down her dress.

MATCHMAKER Why you **clumsy** ... (feels something in her dress) Whaa... Ooh! Aaagh! Oooh!

CRASH! The Matchmaker **knocks over** and lands in the **incense burner**.

MATCHMAKER (running around) Wah-ahhhh!

Mulan, trying to help, fans the Matchmaker's **rear** with her fan. **WHOOMP**! Her clothes **catch fire**.

MATCHMAKER Whooagghh!

EXT. VILLAGE PLACE
Fa Li, Grandmother Fa and the villagers listen to **hysterical screams** and crashing sounds.

GRANDMA FA   I think it's going well, don't you?

MATCHMAKER **Put** it **out**! Put it out! Put it ow—

The Matchmaker runs out, still **on fire**. Mulan follows, holding the tea pot.

뮬란이 진퇴양난에 몰렸다. 중매쟁이가 숨을 들이마실 때 귀뚜라미의 더듬이가 그녀의 코 쪽으로 말려 올라가는 모습을 뮬란이 바라본다.

뮬란 (침착함을 유지하려 애쓰며) 음... 어... 제가 (컵을 잡으려고 손을 뻗으며) ... 잠시만— 그것을 다시 가져가도 될까요…

그녀가 줄다리기하듯이 컵을 잡아당긴다. 철퍼덕! 중매쟁이에게 차가 엎질러지고 귀뚜라미가 그녀의 옷으로 뛰어들어간다.

중매쟁이 오, 이런 골칫덩이 … (옷 안에 뭔가를 느끼며) 으아… 위 아아! 우우!

쾅! 중매쟁이가 향로와 부딪쳐 그것이 엎어지고 그녀가 그 안에 착지한다.

중매쟁이 (방방 뛰어다니며) 워–아야!

뮬란이 돕겠다고 중매쟁이의 엉덩이에 부채질한다. 퍽! 그녀의 옷에서 불이 난다.

중매쟁이 우오오오!

외부. 마을 광장
파리, 파 할머니, 그리고 마을 사람들이 히스테리한 비명과 여기저기 마구 부딪치는 소리에 귀를 기울인다.

파 할머니 내 생각엔 잘 되는 것 같은데, 안 그러니?

중매쟁이 이 불 꺼! 불 끄라고! 불 끄란 말이—

중매쟁이가 불이 붙은 채로 뛰쳐나온다. 뮬란이 찻주전자를 들고 따라 나온다.

---

be stuck (~에 빠져) 꼼짝 못 하는, 갇힌

antennae 곤충의 더듬이, 안테나 (antenna의 복수)

curl up 동그랗게 말다/말리다

inhale 숨을 들이마시다

remain calm 당황하지 않다

take something back 회수하다, 반품받다

tug 잡아당기다

clumsy (동작이) 투박한, 서투른

knock over 때려눕히다, 뒤엎다

incense burner 향로

rear (어떤 것의) 뒤쪽, 궁둥이

whoomp 탁/탕 소리 (= whomp)

catch fire 불붙다, 타오르다

hysterical scream 히스테리성/발작적인 비명

put out 불을 끄다

on fire 불이 붙은, 불에 타고 있는

SPLASH! Mulan throws tea in the Matchmaker's face, **dousing** the flames. The cricket jumps back into his little cage. The Matchmaker, **steaming**, turns to Mulan.

MATCHMAKER You are a disgrace! You may look like a bride, but you will never bring your family honor!

Fa Li and Grandma gather around Mulan **consolingly**. The villagers bow their heads and start to **turn away**.

EXT. MULAN'S HOUSE
Mulan solemnly leads Khan through the front gate. She sees Fa Zhou smiling hopefully at her. She can't **break his heart**. Ducking behind Khan, she walks off as her father watches. Khan drinks from a **trough**. Mulan stands beside him, looking at her reflection in the water.

철벅! 뮬란이 중매쟁이의 얼굴에 차를 끼얹어 불을 끈다. 귀뚜라미가 나와 다시 작은 장 안으로 뛰어 들어간다. 분노가 극에 달한 중매쟁이가 뮬란에게로 돌아선다.

중매쟁이 이 망신거리! 네가 신부처럼 보일 수 있을지는 몰라도, 절대 네 가문을 명예롭게 할 일은 없을 거다!

파리와 할머니가 뮬란 주위로 둘러서며 그녀를 위로한다. 마을 사람들이 고개를 숙이며 돌아서기 시작한다.

외부. 뮬란의 집
뮬란이 숙연히 대문 쪽으로 칸을 이끌고 간다. 파주가 기대감 어린 표정으로 그녀를 향해 미소 짓는 모습이 보인다. 뮬란은 그를 상심시킬 수는 없다. 아버지가 보고 있는 동안 뮬란은 칸 뒤로 몸을 숙여 숨으며 그곳을 벗어난다. 칸이 여물통에 있는 물을 마신다. 뮬란이 그의 뒤에 서서 물에 비친 자신의 모습을 본다.

MULAN (singing) LOOK AT ME
I WILL NEVER PASS FOR A PERFECT BRIDE
OR A PERFECT DAUGHTER
CAN IT BE
I'M NOT MEANT TO PLAY THIS PART❶
NOW I SEE
THAT IF I WERE TRULY TO BE MYSELF
I WOULD **BREAK** MY FAMILY'S **HEART**

뮬란 (노래) 내 모습을 봐
난 절대 완벽한 신부가 될 수도 없고
완벽한 딸이 될 수도 없을 거야
어쩌면
원래 난 그런 것과는 맞지 않을지도 몰라
이제 알겠어
만약 내가 정말 내 자신의 모습으로 살려면
우리 가족에게 상처 줄 수 있다는 것을

Mulan sees her image in the garden pond, in the family temple.

노래 부르며, 뮬란은 가문의 회당 연못 안에 비친 자신의 모습을 본다.

MULAN WHO IS THAT GIRL I SEE
STARING STRAIGHT **BACK AT ME**
WHY IS MY **REFLECTION**
SOMEONE I DON'T KNOW
SOMEHOW I CANNOT HIDE
WHO I AM THOUGH I'VE TRIED

뮬란 내가 보고 있는 저 소녀는 누굴까
나를 똑바로 마주 보고 있는
왜 물에 비친 나의 모습이
이렇게 낯선 느낌일까
어찌해도 난 숨길 수가 없어
내가 누군지 노력해 봤지만

---

douse (물을 뿌려 불을) 끄다. 붓다/끼얹다

steaming 몹시 화가 난. 찌는 듯이 더운

consolingly 위로하여

turn away 거부/거절하다. 떠나가다

break someone's heart 몹시 실망시키다

trough 구유, 여물통

stare back at 되쏘아보다

reflection (거울 등에 비친) 상/모습

❶ **I'm not meant to play this part.**
난 이 역할을 맡을 운명이 아니다.
〈be동사 + meant to + 동사〉는 '~을 할 운명이다, 태어날 때부터 ~하게 되어 있다'라는 숙어예요. 예를 들어, We are meant to be together. '우리는 함께 할 운명이다 (천생연분이다).' 이렇게 쓸 수 있답니다.

> WHEN WILL MY REFLECTION SHOW
> WHO I AM INSIDE
> WHEN WILL MY REFLECTION SHOW
> WHO I AM INSIDE

인제쯤이면 물에 비친 나의 모습이
나의 내면의 모습을 드러낼까
언제쯤이면 물에 비친 나의 모습이
나의 참모습을 보여줄까

EXT. FA FAMILY GARDEN
Mulan sits quietly under a blossoming tree, trying to **fight back tears**.

외부. 파 가문의 정원
뮬란이 울지 않으려고 애쓰며 개화하고 있는 나무 밑에 조용히 앉아있다.

FA ZHOU　(O.S.) (clears his throat)

파주 (화면 밖) (헛기침을 한다)

Mulan looks up, then **hangs her head**. Fa Zhou sits beside her, **taking in** the beauty of the trees.

뮬란이 위를 올려다보다가, 고개를 떨군다. 파주가 그녀의 옆에 앉아 아름다운 나무들을 감상한다.

FA ZHOU　My my... what beautiful blossoms we have this year. But look...

파주 오 오… 올해는 꽃이 정말 아름답구나. 하지만 보거라…

He points to an **unopened** blossom.

그가 피어나지 못한 꽃을 가리킨다.

FA ZHOU　This one's late. But I'll bet that when it **blooms**...

파주 이 아이는 좀 늦었구나. 하지만 분명 이 아이가 피어나면…

He takes Mulan's hair-comb from her hands and gently puts it in her hair.

그가 뮬란의 손에 있던 빗을 가져다가 부드럽게 그녀의 머리로 가져간다.

FA ZHOU　... It will be the most beautiful of all.

파주 … 그 어느 꽃보다도 더욱 아름다운 꽃이 될 것이야.

Mulan can't help but smile. ❶

뮬란은 미소 지을 수밖에 없다.

LARGE DRUMS **IN THE DISTANCE**
Fa Zhou rises.

저 멀리서 들리는 큰 북소리
파주가 일어선다.

MULAN　(**concerned**) What is it?

뮬란 (걱정하며) 저게 무슨 소리죠?

EXT. VILLAGE – MOMENTS LATER
A VILLAGER BANGS a huge drum as SOLDIERS ON HORSES gallop into town.

외부. 마을 – 잠시 후
마을 사람이 거대한 북을 치고 말을 탄 병사들이 마을로 온다.

---

fight back tears 눈물을 참다/삼키다
hang one's head 고개를 떨구다, 낙심/낙담하다
take in ~을 눈여겨보다, 이해하다
unopened (아직) 열리지/개봉되지 않은
bloom 꽃을 피우다, 꽃이 피다
in the distance 저 멀리, 먼 곳에
concerned 걱정/염려하는

❶ **주어 + can't help but + 동사**
~하지 않을 수 없다, (자신도 모르게) ~하게 되다
이 표현은 예문을 통해 익히는 게 가장 효율적인 방법입니다. 예를 들면, I couldn't help but cry. '난 울지 않을 수 없었다 (저절로 눈물이 났다)' He can't help but laugh. '그는 자신도 모르게 웃는다' 이런 식으로 쓰이지요.

Dishonor
불명예

🎧 06.mp3

INSIDE THE FA GATE
Fa Zhou and Fa Li **peek into** the street. Mulan tries to see.

파 가문의 대문 안
파주와 파리가 길거리를 내다본다. 뮬란이 보려고 한다.

FA LI　　　Mulan, stay inside.

파리　뮬란, 안에 있거라.

Grandmother Fa **motions** towards the wall. Mulan quickly climbs it to see VILLAGERS gathered around the soldiers.

파 할머니가 벽 쪽을 가리킨다. 뮬란이 재빨리 벽을 타고 올라가서 병사들 주위로 몰려든 마을 사람들을 본다.

CHI FU　　　Citizens! I bring a **proclamation** from the Imperial City! The Huns have **invaded** China!

치푸　시민들이여! 황성에서 선포문을 가져왔노라! 훈족이 중국을 침략했다!

Mulan reacts, shocked. The crowd gasps in horror as panic **ensues**.

뮬란이 깜짝 놀란 반응을 보인다. 군중이 두려움에 헉 하며 놀라고 두려움이 뒤따른다.

CROWD　　　What? The Huns!

군중　뭐라고? 훈족이라고!

Chi Fu reads the Emperor's **decree**.

치푸가 황제의 칙령을 읽는다.

바로 이 장면!*

CHI FU　　　By order of the Emperor, one man from every family must **serve** in the Imperial Army. (calling) The Hsiao family!

치푸　황제의 명령에 의해 각 집안마다 남자 한 명이 제국의 군대에 입대해야만 한다. (외친다) 샤오 가문!

A middle-aged man steps forward to take his **notice** from a SOLDIER.

한 중년 남자가 병사에게 통지서를 받기 위해 앞으로 나선다.

CHI FU　　　(O.S.) The Yi family!

치푸　(화면 밖) 이 가문!

An OLD MAN steps forward, **accompanied by** his tall, healthy SON.

한 노인이 앞으로 나서는데, 그 옆에 키가 크고 건장한 그의 아들이 함께 있다.

---

peek into ~을 엿보다

motion 동작(몸짓)을 하다

citizen 시민, 주민

proclamation 선언, 선포, 선언서

invade (군사적으로) 침입/침범하다

ensue (어떤 일이나 결과가) 뒤따르다

decree 법령, 칙령

serve (국가, 사람 등을 위해) 일/복무하다

notice 통지서

be accompanied by ~을 동반하다

SON I will serve the Emperor **in** my father's **place**.

아들 제 아버지 대신 제가 황제를 섬기겠습니다.

The son respectfully takes the **conscription notice** as Chi Fu reads the next name.

아들이 공손하게 징병 통지서를 받아 들자 치푸가 다음 이름을 부른다.

CHI FU The Fa family!

치푸 파 가문!

MULAN (softly) No!

뮬란 (조용히) 안 돼!

The **crowd murmurs**. Fa Zhou hands his cane to his wife. **Gathering** his **strength**, he **steadily** walks forward.

군중이 웅성거린다. 파주가 아내에게 자기 지팡이를 건넨다. 그가 기운을 모아 척척 앞으로 걸어 나간다.

FA ZHOU I am ready to serve the Emperor.

파주 저는 황제를 섬길 준비가 되었습니다.

As he prepares to take the notice from the soldier... Mulan RUNS OUT into the street.

그가 병사에게 징병 통지서를 받으려고 하는 찰나… 뮬란이 거리로 뛰어나온다.

MULAN Father, you can't go!

뮬란 아버지, 가시면 안 돼요!

FA ZHOU Mulan...

파주 뮬란…

MULAN (**addressing** Chi Fu **directly**) Please, Sir, my father has already fought for–

뮬란 (치푸에게 직접 말하며) 어르신, 제발, 제 아버지는 예전에 이미 전쟁에 나가서 싸우신–

Chi Fu **points at** her.

치푸가 손가락으로 그녀를 가리킨다.

CHI FU Silence! (to Fa Zhou) You would do well to teach your daughter to **hold** her **tongue in a** man's **presence**.

치푸 그 입 다물라! (파주에게) 당신의 딸이 남자 앞에서 혀를 함부로 놀리지 않도록 교육을 제대로 하시오.

Fa Zhou looks **ashamed**.

파주가 수치스러워한다.

FA ZHOU Mulan, you **dishonor** me.

파주 뮬란, 네가 아비를 망신시키는구나.

Mulan **lowers** her **head**. Grandmother Fa starts to lead Mulan away.

뮬란이 고개를 떨군다. 파 할머니가 뮬란을 데리고 물러선다.

---

in someone's place ~을 대신해서

conscription notice 징병 통지서

crowd 사람들, 군중, 무리

murmur 속삭이다, 속삭임

gather one's strength 기력을 회복하다

steadily 착실하게, 견실하게

address (직접) 말을 걸다/하다

directly 곧장, 똑바로, 직접적으로

point at ~에/을 겨누다

hold one's tongue 잠자코 있다, 입다물고 있다

in the presence of someone ~가 있는 데서, ~이 있을 때는

ashamed 부끄러운, 창피한, 수치스러운

dishonor ~의 명예를 손상하다

lower one's head 고개를 떨구다/숙이다

CHI FU   (to Fa Zhou) **Report** tomorrow to the Wu Zhong camp.

FA ZHOU   Yes, sir.

Fa Zhou walks proudly past Fa Li, **refusing** to take his cane.

CHI FU   (O.S.) (calling more names) The Chu family! The Wen family! The Chan family!

As Mulan, Fa Li and Grandma Fa quietly follow him...

INT. FA ZHOU'S BEDROOM – LATER THAT DAY
CLOSE ON a cabinet opening, revealing Fa Zhou's **magnificent armor** and sword. Mulan stands in the hallway, holding a candle. She watches as Fa Zhou picks up his sword and **gracefully maneuvers** it through **a series of** moves. He **handles** it well until **PAIN SHOOTS** through his leg.

FA ZHOU   Aagh!

CLANG! The sword drops to the ground. Grabbing his leg, Fa Zhou slowly stands against the wall, **clutching** his conscription notice.

IN THE HALLWAY
Mulan **presses against** the wall, **anguished**. She's just seen the **fate** of her father. She **hurries away**.

치푸 (파주에게) 내일 우종 부대로 입대 신고하시오

파주 네, 알겠습니다.

파주가 아내가 주는 지팡이를 거부하며, 그녀를 지나 위풍당당하게 걷는다.

치푸 (화면 밖) (이름을 더 부른다) 추 가문! 웬 가문! 챈 가문!

뮬란, 파리, 그리고 파 할머니가 조용히 파주의 뒤를 따른다…

내부. 파주의 침실 – 같은 날 시간이 흐른 후
옷장이 열리고 파주의 장엄한 갑옷과 검이 클로즈업된다. 뮬란이 초를 들고 복도에 서 있다. 아버지가 검을 들고 우아하게 휘두르는 모습을 지켜본다. 검을 노련하게 휘두르지만 갑자기 다리에 고통이 몰려온다.

파주 아아!

챙! 검이 바닥으로 떨어진다. 파주가 다리를 잡고, 벽에 의지하여 천천히 몸을 일으키고, 징병 통지서를 움켜쥔다.

복도
뮬란이 벽에 바짝 붙어 고뇌한다. 그녀 아버지의 운명을 눈앞에서 보고 만 것이다. 그녀가 서둘러 나간다.

---

report 알리다, 발표하다, 전하다

refuse 거절/거부하다

magnificent 훌륭한, 장엄한

armor 갑옷

gracefully 기품 있게, 우아하게

maneuver 교묘히 이동시키다, 조종하다

a series of 일련의

handle 다루다, 처리하다

pain 고통, 통증

shoot (갑자기 통증이) 찌릿하다

clang (금속) 쨍그랑 소리를 내다

clutch 꽉/와락 움켜잡다

press against ~에 밀어붙이다

anguished 번민의, 고뇌에 찬

fate 운명, 숙명

hurry away 급히/서둘러 떠나다

DISNEY MULAN

Dying for Honor
명예를 위한 죽음

🎧 07.mp3

INT. KITCHEN – LATER THAT NIGHT
Mulan, Fa Zhou, Fa Li and Grandma silently eat, **ignoring** the fact that this could be their last night together. Finally, Mulan is **unable** to **contain herself**.

내부. 주방 – 그날 밤
뮬란, 파주, 파리, 그리고 할머니가 아무 말없이 식사한다. 그들이 함께하는 것이 오늘 밤이 마지막일 수도 있다는 사실을 외면하며. 마침내 뮬란이 더 이상 참지 못하고 입을 뗀다.

바로 이장면!

MULAN	(to Fa Zhou) You shouldn't have to go.	**뮬란** (파주에게) 아버지가 왜 꼭 가야만 하는 거죠.
FA LI	Mulan!	**파리** 뮬란!
MULAN	There are **plenty of** young men to **fight for** China!	**뮬란** 중국을 위해 싸울 젊은 남자들은 얼마든지 있다고요!
FA ZHOU	It is an honor to protect my country, and my family.	**파주** 내 나라와 가문을 지키는 것은 명예로운 일이야.
MULAN	So you'll die for honor?	**뮬란** 그래서 명예를 위해 죽어도 좋다는 말씀이세요?
FA ZHOU	(voice rising) I will die doing what's right!❶	**파주** (언성을 높이며) 난 마땅히 해야 할 일을 하다가 죽을 것이야!
MULAN	But if you—	**뮬란** 하지만 만일 아버지께서—
FA ZHOU	I **know** my **place**! It is time you learned yours.	**파주** 난 나의 본분을 잘 알아! 너도 이젠 네 본분을 지키도록 해라.

Mulan, hurt, **runs out of** the room. A moment before Fa Zhou slowly sits.

뮬란이 그 말에 상처받고 밖으로 뛰쳐나간다. 잠시 정적이 흐른 후 파주가 천천히 자리에 앉는다.

MULAN   (BREAKING DOWN)

뮬란 (억장이 무너진 듯 흐느낀다)

---

ignore 무시하다, 못 본 척하다
unable ~할 수 없는, ~하지 못하는
contain oneself 자제하다
plenty of 많은, 다량의
fight for ~을 위해 싸우다
know one's place 분수를 알다
run out of ~에서 (뛰쳐)나오다
break down 울기 시작하다, 허물어지다

❶ **I will die doing what's right!**
난 마땅히 해야 할 일을 하다가 죽을 것이다!
이 문장에서 what's right를 직역하면 '옳은 일'인데, 문맥의 자연스러운 흐름을 위해 '마땅히 해야 할 일'이라고 번역했어요. 여기에서 what's right는 다른 말로 the right thing이라고 할 수도 있겠네요.

EXT. GARDEN – LATER THAT NIGHT
RAIN beats down on the Great Stone Dragon, a magnificent statue.
Mulan, **lost in thought**, sits at the base, staring at her reflection in
a puddle. **A CLAP OF THUNDER** roars. She looks at her parents'
bedroom window. Her parents silhouetted in the window. Fa Zhou
tries to **console** Fa Li, only she **tears away from** him. A beat before
Fa Zhou blows out a candle, sending the room into darkness. Mulan
makes her decision.

INT. FA FAMILY TEMPLE
Mulan enters; she lights a stick of incense and places it in a little
dragon **incense holder**. The cricket watches as she **says a prayer** to
her ancestors, then hurries out. He follows her.

INT. FA ZHOU'S BEDROOM
Hard rain, lightning, thunder. Mulan approaches her sleeping parents
and replaces the conscription notice on her father's **nightstand** with
her hair comb. She looks at him tenderly, then leaves.

INT. **FRONT ROOM**
Mulan removes her father's sword from its **sheath— SLASH!** She
CUTS her hair; it spills to the floor. She ties it up, then opens the
cabinet with the armor. She puts it on and holds his sword.

INT. **STABLES**
A shadow falls over Khan. He looks up and WHINNIES **in alarm**. A
warrior stands in the shadows. The **figure** moves forward, revealing
Mulan dressed in her father's armor. Khan stamps the ground. Mulan
comforts him.

EXT. COURTYARD GATE
The Cricket watches as Mulan quietly walks Khan out. She turns and
takes one last look at her house. Seconds later, Mulan and Khan
BURST through the FRONT GATE. Lightning and thunder. As they
GALLOP into the night... Cut to the face of a statue in the Fa Family
Temple, the eyes glow.

외부. 정원 – 그날 밤
장엄한 조각상, 위대한 용 석상 위로 비가 억수같이 쏟아져 내린다. 생각에 잠긴 뮬란이 조각상 밑동에 앉아 물웅덩이에 비친 자기 모습을 바라본다. 천둥소리. 그녀가 부모님의 침실 창문을 바라본다. 부모님의 모습이 창문에 실루엣으로 나타난다. 파주가 파리를 위로하려고 하는데, 그녀가 뿌리치며 멀어진다. 잠시 후 파주가 촛불을 끄고 방안에 어둠이 찾아온다. 뮬란이 결정을 내린다.

내부. 파 가문의 회당
뮬란이 들어온다; 그녀가 향에 불을 붙여 용 모양의 작은 향꽂이 안에 놓는다. 그녀가 조상님들께 기도드리는 모습을 귀뚜라미가 바라보는데, 그녀가 급히 밖으로 나간다. 귀뚜라미가 그녀를 따라 나간다.

내부. 파주의 침실
거센 비, 번개, 천둥. 뮬란이 잠들어 있는 부모님의 침실로 다가가 침대 탁자에 놓인 징병 통지서를 자신의 머리빗과 바꿔놓는다. 아버지를 다정하게 바라본 후, 방에서 나온다.

내부. 객실
뮬란이 아버지의 칼집에서 검을 빼내— 싹! 자신의 머리카락을 자른다; 머리카락이 바닥으로 떨어진다. 그녀가 머리카락을 묶어 올린 후, 갑옷이 있는 옷장을 연다. 그녀는 갑옷을 입고 아버지의 검을 들어 올린다.

내부. 마구간
칸 위로 그림자가 드리운다. 그가 올려다보며 놀라서 히잉 거린다. 그림자 속으로 한 전사가 서 있다. 그 형상이 다가오자 아버지의 갑옷을 입은 뮬란의 모습이 드러난다. 칸이 쿵쿵 말발굽을 구른다. 뮬란이 그를 진정시킨다.

외부. 안뜰 대문
뮬란이 조용히 칸을 데리고 걸어 나오는 모습을 귀뚜라미가 바라본다. 그녀가 뒤돌아서 마지막으로 집을 본다. 몇 초 후, 뮬란과 칸이 대문을 박차고 나간다. 번개와 천둥. 그들이 어둠 속으로 질주하고… 파 가문 회당의 석상 얼굴로 화면이 바뀌고, 그것의 눈이 번뜩인다.

---

rain beats down 비가 억수같이 쏟아지다

lost in thought 사색에 잠기다, 골똘히 생각하다

a clap of thunder 우렛소리, 천둥소리

console 위로하다, 위안을 주다

tear away from ~을 뿌리치고 떠나다

incense holder 향꽂이

say a prayer 기도를 드리다

nightstand 침실용 탁자

front room 거실, 객실, 응접실

sheath 칼집

slash (날카로운 것으로 길) 긋다/베다

stable 마구간

in alarm 놀라서

warrior (과거의) 전사

figure (멀리서 흐릿하게 보이는) 사람/모습

INT. GRANDMOTHER FA'S BEDROOM
Grandmother Fa **bolts** up in her bed, her eyes wide with terror. Another **peal** of THUNDER. Grandmother Fa bursts into Fa Zhou's room.

GRANDMA FA Mulan is gone!

FA ZHOU　　What?

He sees her hair-comb on his nightstand, and slowly picks it up.

FA ZHOU　　It can't be…❶

He runs to his closet— his armor is gone. LIGHTNING, THUNDER.

EXT. **COURTYARD**
HARD RAIN. Fa Zhou runs into the courtyard still clutching the hair-comb.

FA ZHOU　　(painful **wailing**) MULAN!

He **stumbles** and falls.

FA ZHOU　　No…

The front gate is BANGING open and shut. Fa Li rushes to her husband's side.

FA LI　　You must go after her — she could be killed!

FA ZHOU　　(solemnly) If I reveal her, she will be.

GRANDMA FA (pleading) Ancestors, hear our prayer. **Watch over** Mulan.

내부. 파 할머니의 침실
파 할머니가 겁에 질려 눈을 크게 뜨며 황급히 잠자리에서 일어난다. 천둥소리가 다시 크게 울린다. 파 할머니가 파주의 방에 들어온다.

파 할머니　뮬란이 없어졌어!

파주　뭐라고요?

그가 침실 탁자에 놓인 뮬란의 머리빗을 보고 천천히 그 빗을 들어 올린다.

파주　이럴 수는 없어…

그가 그의 옷장으로 뛰어간다― 갑옷이 사라졌다. 번개, 천둥이 친다.

외부. 안뜰
거센 비. 파주가 머리빗을 움켜잡은 상태로 안뜰로 뛰쳐나간다.

파주　(고통으로 울부짖으며) 뮬란!

그가 발을 헛디디며 넘어진다.

파주　안 돼…

대문이 쿵쿵거리며 열렸다 닫혔다 한다. 파리가 달려 나와 남편의 옆으로 온다.

파리　어서 쫓아가셔야 해요 – 뮬란이 죽을지도 몰라요!

파주　(침통하게) 내가 그녀의 존재를 밝히면, 그녀는 죽게 될 것이오.

파 할머니　(애원하며) 조상님들, 우리의 기도를 들어주소서. 뮬란을 지켜 주소서.

---

bolt 갑자기/재빨리 움직이다

peal (울리듯 이어지는) 큰 소리

courtyard (저택에 둘러싸인) 뜰/마당

wailing 대성통곡

stumble 발을 헛디디다, 발이 걸리다

plead 애원하다, 간청하다

watch over ~을 지키다/보호하다/보살핀다

❶ **It can't be!**
말도 안 돼!
이 문장은 '설마!', '아닐 거야!', '말도 안 돼!'라는 의미로 쓰이는 표현이에요. 주어를 바꾸거나 뒤에 단어를 넣어서 비슷한 어감으로 활용을 할 수도 있는데요, 예를 들어, It can't be her! '설마 그녀일 리가 없어!', You can't be serious! '설마 네가 진심일 리가 없어!' 이런 식으로 말이죠.

The Ancestors of Fa Family

파 가문의 조상들

🎧 08.mp3

INT. TEMPLE

The last **wisps** of incense burn out as the WIND **GUSTS**. The Chinese characters on a great stone bei GLOW. Moments later, A GHOST **materializes** on top of the bei. This is THE GHOST OF THE FIRST ANCESTOR. He peers at the little dragon incense burner and speaks with a deep, **imposing** voice that echoes through the temple.

FIRST ANCESTOR Mushu... awaken!

Close on the dragon incense burner – **trembling** as his stone body transforms into a live dragon, and CRASHES to the ground. This is Mushu, a mini-sized dragon with a deep drive to prove he's as good as any guardian. What he lacks in magical powers, he makes up in charm. He rises out of the incense smoke.

MUSHU (powerfully) I live! So tell me what mortal needs my protection. Great Ancestor. **You just say the word, and I'm there!** ❶

FIRST ANCESTOR Mushu ...

MUSHU And lemme say something – anybody who's foolish enough to threaten our family, **vengeance will be mine!!!** ❷

He begins growling and stalking the room, monster-like.

FIRST ANCESTOR Mushu!

Mushu **stops cold**. He looks up to see the First Ancestor pointing to a row of stone animals atop **pedestals**.

내부. 회당

바람이 휙 불며 마지막 한 줄기의 향불이 꺼진다. 웅장한 비석에 쓰인 한자들이 빛난다. 잠시 후. 비석의 위로 유령 형상이 되어 나타난다. 1대 조상의 유령이다. 그가 작은 용 향로를 유심히 보며 회당 안에 울려 퍼지는 깊고 품격 있는 목소리로 말한다.

1대 조상 무슈… 깨어나라!

용 향로가 클로즈업된다 – 돌로 만들어진 용의 몸이 실제 살아있는 용으로 변하며 용이 몸을 떨다가 바닥으로 쾅 하고 떨어진다. 이것은 무슈이다. 그는 그 어떤 수호신만큼이나 자신도 잘 할 수 있다는 것을 증명하고 싶어 몸이 달은 소형 용이다. 마법 능력이 부족하긴 하지만. 그에게는 그를 상쇄할 만한 매력이 있다. 그가 향 연기 밖으로 나오며 일어선다.

무슈 (힘있게) 살았다! 자, 어떤 나약한 인간이 나의 보호를 필요로 하는지 말씀해 주시죠. 위대하신 조상님. 분부만 내리시면 언제든지 달려가겠습니다!

1대 조상 무슈 …

무슈 제가 한마디 하죠 – 어떤 놈이 바보같이 우리 가문을 위협하는지는 몰라도, 제가 처절하게 복수할게요!!!

그가 마치 괴물처럼 으르렁거리며 방안을 활보하기 시작한다.

1대 조상 무슈!

무슈가 바로 멈춰 선다. 1대 조상이 받침대 위에 있는 동물 모양의 석상들을 가리키자 그가 올려다 본다.

---

wisp (머리카락 같은) 조각/가닥

gust 세찬 바람, 돌풍, (갑자기) 몰아치다

materialize (갑자기) 나타나다

impose (의견 등을) 강요하다, 시행하다

tremble (몸을) 떨다, 떨리다, (가볍게) 흔들리다

vengeance 복수

stop cold 갑자기 멈추다/서다

pedestal (기둥, 동상 등의) 받침대

❶ **You just say the word, and I'm there!** 말씀만 하세요, 제가 달려갈게요!
Just say the word는 '말씀만 하세요, 분부만 내리세요.'라는 의미로 상대방에게 언제든지 말만 하면 기꺼이 요구를 들어주겠다는 호의적 표현이지요.

❷ **Vengeance will be mine!** 복수는 나의 것!
'처절하게/반드시 복수할 거야!'라는 의미인데, 유명한 영화 제목인 '복수는 나의 것'이라고 해석해도 잘 어울리겠죠.

FIRST ANCESTOR	(to Mushu) These are the family guardians. (like a teacher) They…?	1대 조상 (무슈에게) 이들이 가문의 수호신들이야. (선생님처럼) 그들은…?
MUSHU	(obviously) … protect the family.	무슈 (누구나 알듯이) … 가문을 지키죠.
FIRST ANCESTOR	And you, oh **demoted** one.	1대 조상 그리고 너는, 오 강등된 자여.
MUSHU	(**put in his place**) I… ring the gong.	무슈 (자기 분수를 알아차리며) 저는… 징을 울리죠.
FIRST ANCESTOR	That's right. (parent to child) Now wake up the ancestors.	1대 조상 그렇다. (마치 부모가 아이에게 하듯) 자, 이제 조상들을 깨우거라.
MUSHU	(sighing) One family **reunion** coming right up. (banging his gong) Okay, people, people! Look alive! Let's go, c'mon, get up! Let's move it! Rise and shine! You're all way past the beauty sleep thing! Trust me!	무슈 (한숨을 쉬며) 가문 상봉을 바로 시작합니다. (징을 치며) 자, 여러분, 여러분! 원기를 회복하세요! 갑시다. 어서요, 일어나라고요! 서둘러요! 잠에서 깰 시간이에요! 긴 잠에서 깨어날 시간이 이미 훨씬 지났다고요! 제 말을 믿으라고요!

바로 이 장면!

ANCESTOR 1	**I knew it!**❶ I knew it! That Mulan was a troublemaker from the start.	조상 1 내 이럴 줄 알았어! 이럴 줄 알았다고! 그 뮬란이라는 애는 애초에 골칫덩이였다니까.
ANCESTOR 2	Don't look at me – she **gets it from your side of the family.**	조상 2 날 쳐다보지 마쇼 – 걔는 당신네 집안 피를 타고난 거니까.
ANCESTOR 3	She's just trying to help her father.	조상 3 뮬란은 아버지를 도와주려고 그런 거잖아.
	Ancestor 4 **tallies** on an **abacus**.	조상 4가 주판으로 계산을 한다.
ANCESTOR 4	But if she's discovered… (clicking the beads) Fa Zhou will be forever shamed, dishonor will come to the family, traditional values will **disintegrate**.	조상 4 하지만 그녀가 발각되면… (주판알을 튕기며) 파주는 영원히 수치스러울 것이고, 가문이 불명예스러워질 것이며, 전통적인 가치관이 붕괴할 것이라고.
ANCESTOR 5	Not to mention they'll lose the farm!	조상 5 당연히 논밭도 모두 잃게 될 테지!

---

demote (처벌로) 강등/좌천시키다
put someone in his/her place ~의 분수를 알게 해 주다
reunion 모임, 동창회
get it from one's side of the family ~의 혈통에서 물려받다
tally 부합/일치하다, 총계를 내다
abacus 주판
disintegrate 해체/분해되다, 산산조각이 나다

❶ **I knew it!**
내 이럴 줄 알았다
어떤 벌어진 상황을 보고 자신이 이미 짐작하고 있었던 것이라는 의미로 자주 쓰는 표현이에요. '에잇, 내 이럴 줄 알았어!', '내 참, 그러면 그렇지'라는 말투로 쓰는 경우가 많습니다.

Mushu sits back, reading the paper.

무슈가 편안히 앉아 신문을 읽고 있다.

ANCESTOR 1   My children never **caused** such **trouble**, they all became **acupuncturists**.

조상 1 우리 애들은 한 번도 그런 말썽을 일으킨 적이 없지. 걔들은 모두 한의사가 됐거든.

ANCESTOR 2   Well, we can't all be acupuncturists.

조상 2 거 참. 모두가 다 한의사가 될 수는 없잖소.

ANCESTOR 6   No! Your great granddaughter had to be a **cross-dresser**!!

조상 6 아니! 당신 증손녀는 남장을 하고 있잖아!!

An imposing male ancestor points to the row of stone animals.

조상 한 명이 일렬로 서 있는 동물 모양의 석상들을 가리킨다.

ANCESTOR 7   Let a guardian bring her back!

조상 7 수호신이 그녀를 데려오도록 합시다!

ANCESTOR 2   Yes! Awaken the most **cunning**…

조상 2 그래! 가장 수완이 좋은 수호신을 깨우자고…

ANCESTOR 4   (grabbing Mushu) No! The swiftest…

조상 4 (무슈를 잡으며) 아니! 가장 민첩한…

ANCESTOR 8   (grabbing Mushu) No, send the wisest!

조상 8 (무슈를 잡으며) 아니. 가장 현명한 수호신을 보내!

FIRST ANCESTOR Silence!

1대 조상 모두 조용!

The ancestors **grow still**.

조상들이 조용해진다.

FIRST ANCESTOR We must send the most powerful of all!

1대 조상 우린 가장 강한 수호신을 보내야만 해!

MUSHU   (laughing) Okay, okay, **I get the drift.**

무슈 (웃으며) 알았어요, 알았어요, 무슨 말씀인지 알겠어요.

Mushu stands proudly on his pedestal.

무슈가 받침대 위에 위풍당당하게 올라선다.

MUSHU   I'll go!

무슈 제가 갈게요!

The ancestors **burst into derisive** laughter.

조상들의 비웃음이 빵 터진다.

---

cause trouble 분란을 일으키다

acupuncturist 침술사, 침놓는 사람, 한의사

cross-dresser 이성의 복장을 한 사람

cunning 교활한, 수완이 좋은

grow still 조용해지다

burst into ~을 터뜨리다/내뿜다

derisive 조롱/조소하는

> ❶ **I get the drift.**
> 무슨 말씀인지 알겠어요.
> drift는 이동, 기류라는 의미 외에 '(글, 말의) 취지'라는 의미로 get the drift는 '(남의 말을) 알다, 이해하다'라고 해석할 수 있어요. get 대신 catch도 쓸 수 있어요. Do you get my drift? 는 '내 말 알겠니?'인데, 위 표현이 비격식체라는 점 유의하세요.

Who's the Real Dragon?

진짜 용은 누구인가?

🎧 09.mp3

MUSHU You all don't think I can do it? Watch this here…

He blows a tiny little flame from his mouth.

MUSHU Oww! Jump back — I'm pretty hot, huh? But **I don't have to singe nobody to prove no point.** ❶

무슈 모두들 내가 할 수 있을 거라고 생각하지 않죠? 여기 좀 보라고요…

그가 입에서 자그마한 불꽃을 분다.

무슈 오우! 맙소사 – 나 좀 멋지죠, 그죠? 내가 말하고자 하는 바를 증명해 보이려고 누굴 태우거나 할 필요는 없겠죠.

바로 이장면!*

FIRST ANCESTOR (**admonishing**) You had your chance to protect the Fa family.

1대 조상 (훈계하며) 너에게도 파 가문을 보호할 기회가 있긴 했었지.

ANCESTOR 6 Your **misguidance** led Fa Deng to **disaster.**

조상 6 네가 잘못 인도하는 바람에 파 댕이 재앙을 맞았잖아.

FA DENG, an ancestor holding his head in his hands, glares at Mushu.

손에 자기 머리를 들고 있는 조상 파 댕이 무슈를 노려본다.

FA DENG Yeah, thanks a lot.

파 댕 그래, 퍽이나 고맙군 그려.

MUSHU (**staring blankly**) And your point is…

무슈 (우두커니 바라보며) 그래서 당신 말의 요점은…

The First Ancestor appears beside Mushu, **floating** in mid-air.

1대 조상이 공중에 뜬 모습으로 무슈 옆에 나타난다.

FIRST ANCESTOR The point is we will be sending a real dragon to **retrieve** Mulan.

1대 조상 요점은 우리가 뮬란을 되찾기 위해 진짜 용을 보낼 것이라는 거지.

MUSHU What— what— I'm a real dragon!

무슈 뭐— 뭐라고요— 제가 진짜 용인데요!

---

prove a point 주장/변명이 정당함을 보여주다
admonish 꾸짖다, 책망하다, 훈계하다
misguidance 그릇된 지도
disaster 참사, 재난, 재해
stare blankly 우두커니 바라보다
float (물 위나 공중에서) 떠다가다, 흘러가다
retrieve 되찾아오다/회수하다

❶ **I don't have to singe nobody to prove no point.** 내가 말하고자 하는 바를 증명해 보이려고 누굴 태우거나 할 필요는 없겠죠. 이 문장에서는 부정사가 두 번 나오는데, 두 번의 부정은 긍정을 뜻하죠. 여기에서 no point의 no는 앞에 나온 don't have to '할 필요가 없다'를 강조하려는 의도로 쓰였어요. 그래서 no point를 a point 또는 my point라고 봐도 무방하겠어요.

FIRST ANCESTOR You are not **worthy of** this spot… (snarls) Now awaken the Great Stone Dragon!

1대 조상 넌 이 일을 맡을 자격이 안 돼… (으르렁거린다) 자, 어서 위대한 용 석상을 깨우거라!

He throws Mushu out the door. A beat before Mushu pokes his head back in.

그가 무슈를 문밖으로 던진다. 잠시 정적이 흐른 뒤 무슈가 다시 빼꼼 머리를 들이민다.

MUSHU (smiling) So, you'll **get back to** me on the job thing?

무슈 (미소 지으며) 그러니까, 제 일자리에 대해 다시 얘기한다는 거죠?

A GONG FLIES through the air, hitting Mushu in the face. The First Ancestor rubs his **temple** and sighs.

징이 허공을 가르며 날아가, 무슈의 얼굴을 가격한다. 1대 조상이 관자놀이를 문지르며 한숨을 쉰다.

EXT. COURTYARD
Mushu starts down to the Great Stone Dragon.

외부. 안뜰
무슈가 위대한 용 석상을 향해 내려간다.

MUSHU (frustrated) Just one chance; is that too much to ask? I mean, **it's not like it'd kill you!**❶

무슈 (좌절감을 느끼며) 딱 한 번만 더 기회를 달라는 건데; 그게 그렇게 무리한 요구인가? 뭐 그런다고 죽는 것도 아닐 텐데 말이지!

Mushu walks up to the enormous Stone Dragon **perched** on a **crumbling** pedestal and starts BANGING his gong.

무슈가 허물어지기 일보 직전의 받침대 위에 놓여 있는 위대한 용 석상에 다가가서 징을 치기 시작한다.

MUSHU Yo, Rocky! Wake up! You've got to go fetch Mulan! (boy to dog) C'mon, boy! Go get her! Go on! C'mon!

무슈 이봐, 돌덩어리 양반! 일어나라고! 어서 가서 뮬란을 데려와야 한다고! (소년이 강아지에게 말하듯이) 자, 어서! 가서 그녀를 데리고 왜! 가라고! 어서!

Mushu throws his **mallet** over his shoulder and starts to climb the Dragon.

무슈가 그의 어깨너머로 징을 치는 나무망치를 던진 후 용 위로 오르기 시작한다.

MUSHU (GROWLING)

무슈 (으르렁거린다)

No response. Mushu hits the Dragon's ear with his gong.

아무런 응답이 없다. 무슈가 징으로 용의 귀를 때린다.

MUSHU Hello… hellooo!!! (huge **whack**) Hello!!!

무슈 여보세요… 여보세요오오!!! (엄청 세게 후려친다) 여보세요!!!

---

worthy of ~을 할만한/받을만한

get back to (화제, 일 따위가) ~로 돌아가다

temple 관자놀이

frustrated 좌절감을 느끼는

perch 앉아있다, 자리잡다

crumble 바스러지다, 허물어지다

mallet 나무망치, (폴로의) 타구봉

whack 세게 치다, 후려치다

❶ **It's not like it'd kill you!**
그런다고 죽는 것도 아닐 텐데!
문장의 뒷부분 it'd kill you에서 it'd는 it would의 축약형이에요. 앞에 나오는 It's not like는 문맥의 흐름상 '아닐 텐데'라고 해석했지만, 일반적으로는 '~한 건 아니잖아'의 뜻으로 쓰면 딱 좋은 표현이에요. 예를 들어, It's not like I know everything. '나라고 뭐 다 아는 건 아니잖아' 이렇게 쓰여요.

The Dragon's ear **comes loose** in his hand.

MUSHU Uh-oh.

He tries to stick the ear back on, but it's hopeless. The Great Stone Dragon CRUMBLES, taking Mushu down with it. As the dust clears, Mushu COUGHS and **peers** at the Great Stone Dragon's face, the only piece **intact**.

MUSHU Uh, Stony… Stony? (panicking) Oh man, they're gonna kill me.

FIRST ANCESTOR (O.S.) Great Stone Dragon!

Mushu freezes, then sees The First Ancestor, at the window of the family temple.

FIRST ANCESTOR Have you awakened?

A beat before the head of the Great Stone Dragon head pops up from the bushes. Mushu struggles to **hold it steady**. Then, he lowers his voice and **assumes** a **persona**, **à la the Great and Powerful Oz**. He **waggles** the stone face as he speaks.

MUSHU (god-like) I, ah, I, ah, yes I just woke up! I am the Great Stone Dragon. Good morning! I will **go forth** and **fetch** Mulan! Did I mention that I was the Great Stone Dragon?

FIRST ANCESTOR Go! The **fate** of the Fa family **rests** in your claws!

MUSHU (as the Great Stone Dragon) Don't even worry about it! I will not **lose face**!

He loses his grasp on the face. It rolls down the hill, Mushu still holding on.

용의 귀가 떨어시며 그의 손으로 흘러내린다.

무슈 오—이런.

그가 다시 귀를 붙여보려 하지만, 절망적이다. 위대한 용 석상이 무너져 내리며, 무슈도 함께 밑으로 떨어진다. 먼지가 사그라지자, 무슈가 기침을 하며 용 석상의 몸 중에 유일하게 멀쩡한 부분인 얼굴을 유심히 살핀다.

무슈 어, 돌친구… 돌친구? (경악하며) 오 이런. 난 이제 죽었다.

1대 조상 (화면 밖) 위대한 용 석상이여!

무슈가 얼어붙은 채, 가문의 회당 창문에 있는 1대 조상을 본다.

1대 조상 일어났소?

잠시 정적 후 위대한 용 석상의 머리가 덤불에서 불쑥 튀어나온다. 무슈가 흔들리지 않게 하려고 허우적댄다. 그러고는, 목소리를 낮춰 위대하고 강한 오즈 풍으로 다른 사람 행세를 한다. 그가 말을 하며 용 석상의 얼굴을 흔들흔들 움직인다.

무슈 (신처럼) 난, 아, 난 아. 그래 내가 지금 방금 깼다! 나는 위대한 용 석상님이시다. 좋은 아침! 내가 나서서 뮬란을 데리고 올 것이다! 근데 내가 위대한 용 석상님이라는 말을 했던가?

1대 조상 어서 가시오! 파 가문의 운명이 당신의 발톱에 달려있소!

무슈 (위대한 용 석상처럼) 그런 걱정은 붙들어 매시오! 체면을 구기는 일은 없을 테니!

무슈가 용의 얼굴을 잡고 있던 자기 손을 놓친다. 용의 머리가 언덕 아래로 굴러 내려가고, 무슈가 계속 붙들고 있다.

---

come loose 풀리다, 벗겨지다

peer 유심히 보다, 응시하다

intact 온전한, 전혀 다치지 않은

hold something steady ~이 흔들리지 않도록 잡다

assume ~인 척하다, 가장하다

persona (실제 성격과는 다른) 모습, 가면 인격

à la 〈불어〉 ~와 같은 식/풍으로

the Great and Powerful Oz 위대한 마법사 오즈

waggle (상하좌우로) 흔들다

go forth 나가다, 출발하다

fetch 데리고 오다

fate 운명

rest (부담, 책임 등이) ~에게 걸려있다

lose face 체면을 잃다/손상하다, 모양새가 없어지다

MUSHU   (falling) Ahhh oww, oh ohh owwww...

SMASH! He lands beside the Great Stone Dragon's pedestal; the head on top of him.

MUSHU   (in pain) Owww, my **elbow**. Ohh... Oh, oh, I know I **twisted** something.

He **kicks off** the head and sits up **dejectedly**.

MUSHU   That's just great— now what?! I'm **doomed**! And all '**cause Miss Man** decided to take her little **drag show on the road**!

무슈 (떨어지며) 아아 오우, 오 오오 오우우…

쾅! 무슈가 위대한 용 석상의 받침대 옆으로 떨어진다: 용의 머리가 그의 위에 올라와 있다.

무슈 (아파하며) 오우우, 내 팔꿈치. 오오… 오, 오, 어딘가 삔 게 분명해.

그가 머리를 걷어차고 낙담하며 일어나 앉는다.

무슈 떡이나 잘된 일이네— 이제 어쩌냐고?! 난 끝장이야! 이 모든 게 다 그 남장 여자애가 복장 쇼를 벌이겠다고 작정하는 바람에 이렇게 된 거라고!

---

in pain 아픈, 고통스러운

elbow 팔꿈치

twist (발목/손목 등을) 삐다/접질리다

kick off ～을 차다, 시작하다

dejectedly 맥없이, 기운 없이

doomed 운이 다한, 비운을 맞게 된, 끝장난

'cause 왜냐하면, ～때문에 (= because)

Miss Man 남장을 한 뮬란을 조롱한 표현

drag show 이성의 복장을 입고 벌이는 (여장한 남성들의) 쇼

get the show on the road (활동, 여정을) 시작하다

DISNEY MULAN

The Imperial Scouts
제국의 정찰병들

🎧 10.mp3

Cri-Kee, the cricket, **tugs** on Mushu, CHIRPING, "Why don't you go get her?" Mushu looks down at him.

MUSHU Go GET her? **What's the matter with you?**❶ After this Great Stone **Humpty Dumpty** mess, I'd have to bring her back with a medal to get back in the Temple! Wait a minute!

Mushu stares at the temple, thinks a beat, then smiles.

MUSHU That's it! I make Mulan a war hero, and they'll be begging me to come back to work! That's the **master plan**! Oh, you've done it now, man.

The CRICKET NODS and Mushu starts to **take off** as Cri-Kee follows.

MUSHU And **what makes you think you're comin'?**❷

Mushu runs past him. Cri-Kee panics, watching Mushu exit towards the gate. Cri-Kee CHIRPS. Mushu keeps running.

MUSHU You're lucky? Ha! Do I look like a **sucker** to you?

The cricket CHIRPS some more as he catches up to Mushu.

MUSHU What do you mean a **loser**?! How about I pop one of your antennas off and throw it across the yard? Then who's the loser? Me or you?

EXT. HUN CAMP – NIGHT
The still night sky – a FALCON **cuts across**. Then, a shadowy figure gallops by on a horse... Shan-Yu.

귀뚜라미 크리키가 찍찍대며 무슈를 잡아당기며 말한다. "네가 가서 그녀를 데리고 오지 그러니?" 무슈가 그를 내려다본다.

무슈 가서 그녀를 데려오라고? 너 뭐 잘못 먹었니? 이 머리만 큰 위대한 용 석상 사태로 인해서 이제 내가 신당에 다시 들어가려면 그녀가 훈장이라도 받게 하고 데리고 와야 하는 상황이라고! 잠시만!

무슈가 회당을 빤히 본다. 잠시 생각에 빠졌다가 미소 짓는다.

무슈 바로 그거야! 내가 뮬란을 영웅으로 만들면 그들이 나에게 제발 다시 돌아와 달라고 애원을 할 거라고! 그게 나의 큰 그림이야! 오, 이번에 제대로 한 건 했네.

귀뚜라미가 고개를 끄덕이고 무슈가 출발하자 크리키가 그 뒤를 따른다.

무슈 네가 따라와도 된다고 누가 그러든?

무슈가 그를 지나 달려간다. 무슈가 문 쪽으로 나가는 것을 보고 크리키가 어쩔 줄 몰라 한다. 크리키가 찍찍댄다. 무슈가 계속 달려간다.

무슈 네가 복덩이라고? 내 참! 내가 그렇게 멍청해 보이니?

크리키가 계속 찍찍대며 무슈를 따라잡는다.

무슈 패배자라니 무슨 소리야?! 네 놈의 더듬이를 확 뽑아서 마당 저편에 던져줄까? 그러면 누가 패배자일까? 나일까 너일까?

외부. 훈족 야영지 – 밤
적막이 흐르는 밤하늘 – 매 한 마리가 가로질러 간다. 그 이후, 어두운 형상 하나가 말을 타고 질주한다… 샨유다.

---

tug 〈세게〉 잡아당기다
Humpty Dumpty 계란 모양의 큰 얼굴을 한 영어 동요의 캐릭터
master plan (복잡한 사업의 자세한) 기본 설계
take off (특히 서둘러) 떠나다
sucker 〈비격식〉 잘 속는 사람
loser 패배자, 형편없는 사람
cut across 가로질러 가다

❶ **What's the matter with you?**
너 제정신이니?
상대방이 아파 보이거나 평상시와 다르게 말/행동할 때, 또는 납득하기 어려울 때 '너 무슨 일 있니?'라는 어감으로 써요.

❷ **What makes you think you're comin'?** 네가 와도 된다고 누가 그러든?
문맥의 흐름상 '~해도 된다고 누가 그러든?'이라고 해석했지만, 일반적으로 What makes you think ~?는 '무슨 근거로 ~라고 생각하는 거니?'라는 뜻으로 쓰이는 패턴이에요.

THUNDERING **HOOVES**
as a **swarm** of Huns closely follow. They race through the night, until CLOSE ON SHAN-YU. Sensing something, he quickly motions his army to be still. **Reins** pull, horses **instantly** quiet. He signals, sending his **ELITE SQUAD** of three into the **brush**. Seconds later, TWO CHINESE SOLDIERS are thrown at Shan-Yu's feet.

천둥 같은 말발굽 소리
샨유의 뒤로 수많은 훈족이 떼거리로 따라온다. 그들이 밤을 뚫고 질주하는데, 샨유의 모습이 클로즈업된다. 그가 뭔가를 감지하고 곧바로 그의 부대에게 조용히 하라는 신호를 보낸다. 모두들 고삐를 잡아당기자 말들이 순간적으로 조용해진다. 샨유가 신호를 줘서, 그의 정예 병사 세 명을 덤불 속으로 보낸다. 잠시 후, 샨유의 발아래 두 명의 중국 병사가 던져진다.

HUN   Imperial **Scouts**.

훈족   제국의 정찰병입니다.

Shan-Yu jumps off his horse. SLOWLY PAN up to reveal his huge, **threatening** form for the first time. The men gasp. He approaches them, the falcon **alighting** on his arm.

샨유가 말에서 내린다. 처음으로 샨유의 거대하고 위협적인 형상을 천천히 드러낸다. 남자들이 헉 한다. 샨유가 그들에게 다가간다. 매가 그의 팔에 내려가 앉는다.

IMPERIAL SCOUT #1   Shan-Yu!

정찰병 #1   샨유!

SHAN-YU   Nice work, gentlemen. You've found the Hun army.

샨유   대단하네. 제군들. 훈족을 찾아냈으니 말일세.

IMPERIAL SCOUT #2   (scared) The Emperor will stop you.

정찰병 #2   (두려워하며) 황제께서 네 놈을 막을 것이다.

SHAN-YU   (calmly) Stop me? He invited me.

샨유   (태연하게) 나를 막는다고? 그가 나를 초대한 건데 무슨 소리.

He grabs Scout 2, lifting him high into the air.

샨유가 정찰병 2를 잡아 공중으로 높이 들어 올린다.

SHAN-YU   (voice rising) By building his wall, he **challenged** my **strength**. Well, I'm here to play his game.

샨유   (목소리를 높이며) 성벽을 쌓아서, 내 힘에 도전했어. 그래서 내가 그 장단에 맞춰주려고 온 거야.

The Scout sweats. Shan-Yu throws him to the ground.

정찰병이 식은땀을 흘린다. 샨유가 바닥으로 그를 내던져버린다.

SHAN-YU   Go! Tell your Emperor to send his strongest armies!

샨유   가라! 황제에게 가장 강한 군대를 보내라고 말해라!

Shan-Yu watches them **run off**.

샨유가 그들이 도망치는 모습을 바라본다.

---

hoof (말 등의) 발굽 (복수형: hooves)

swarm 떼, 무리

rein 고삐

instantly 즉각, 즉시

elite 엘리트, 가장 뛰어나고 훌륭한

squad (군대의) 분대, 선수단

brush 덤불이 우거진 땅

scout 정찰병/대

threatening 협박하는, 위협적인

alight ~에 날아가 앉다

challenge 도전하다

strength 힘, 기운

run off 줄행랑을 치다, 도망치다

SHAN-YU I'm ready.

샨유 난 싸울 준비가 되었으니.

He thinks for a moment, then turns to the **ARCHER** HUN.

그가 잠시 생각하다가, 훈족의 궁수에게로 돌아선다.

SHAN-YU How many men does it **take** to deliver a message?

샨유 소식 하나 전하는데 사람이 몇 명이나 필요하지?

The Archer lines up an arrow on his bow.

궁수가 활에 화살을 올려 쏠 준비한다.

ARCHER One.

궁수 한 명이죠.

As he pulls the arrow back...

그가 화살을 잡아당기고…

EXT. HILLTOP – DAY
CLOSE-UP on Mulan's **determined** face as she holds her sword before her.

외부. 언덕꼭대기 – 낮
뮬란의 단단히 결심한 표정으로 검을 들고 서 있는 모습이 클로즈업된다.

MULAN Okay. Okay, how about this? (in a deep voice) Excuse me, where do I sign in? Ah, I see you have a sword. I have one, too. They're very manly, and tough.

뮬란 좋아. 좋아. 그러면 이건 어때? (낮은 목소리로) 실례지만, 어디에 서명하고 들어가면 됩니까? 아, 검이 있으시군요. 저도 하나 있습니다. 참으로 남자답고 튼튼하군요.

She **fumbles** with the sword, dropping it on the ground. Khan **rolls with laughter**.

그가 검을 가지고 허우적대다가, 땅바닥에 떨어뜨린다. 칸이 데굴데굴 구르며 비웃는다.

MULAN I'm **working on** it! Oh, **who am I fooling?**❶ It's gonna **take a miracle** to get me into the army.

뮬란 나름 애쓰는 중이잖아! 오, 이래서 누가 속겠어? 기적이라도 일어나야 군대에 들어갈 수 있을 거야.

Suddenly, from the forest comes Mushu's voice.

갑자기 숲속에서 무슈의 목소리가 들린다.

MUSHU (O.S.) (powerful) Did I hear someone ask for a "miracle!?!"

무슈 (화면 밖) (힘차게) 지금 "기적"이 필요하다고 한 건가!?!

Mulan looks up, shocked, to see a huge, horrific shadow on the rocks. KHAN WHINNIES.

뮬란이 올려다보며 놀라는데, 바위 위에 거대하고 무시무시한 그림자가 있다. 칸이 히힝 소리를 낸다.

---

archer 활 쏘는 사람, 궁수
take 필요하다, 있어야 하다
determined 단단히 결심한, 완강한
fumble 더듬거리다, 헛발질하다
roll with laughter 데굴데굴 구르며 웃다
work on ~에 애쓰다, 공/노력을 들이다
take a miracle 기적이 필요하다

❶ **Who am I fooling?**
이래서 누가 속겠어?
아무리 생각해도 자신이 하려는 행동이 상식적이지도 않고 이성적이지 않음을 깨달으며 자조적으로 쓰는 표현이에요. '내가 대체 뭔 생각을 하는 거지?', '내가 이게 대체 뭐 하는 짓이지?'라고 해석할 수 있어요. Who am I kidding? 도 같은 의미로 자주 쓰인답니다.

MUSHU   Lemme hear you say, "Ahhh!"

MULAN   (**frightened**) Ahhh!

MUSHU   That's **close enough**!

MULAN   (GASPS) A **ghost**!

무슈 아아앗! 라고 소리 질러!

뮬란 (겁에 질려) 으악!

무슈 그 정도면 비슷하니 됐어!

뮬란 (헉 한다) 유령이다!

---

frightened 겁먹은, 무서워하는
close 가까운, 비슷한
enough 충분히
gasp 숨이 턱 막히다
ghost 유령

Mushu, the Guardian of Lost Souls

길 잃은 영혼들의 수호신, 무슈

🎧 11.mp3

She quickly picks up her sword, holding it **defensively** as she watches Mushu's giant shadow.

그녀가 무슈의 거대한 그림자를 보고 재빨리 검을 들어 방어태세를 취한다.

바로 이장면!

MUSHU Get ready, Mulan – your **serpentine salvation** is **at hand**! For I have been sent by your ancestors to guide you through your **masquerade**!

무슈 준비해라, 뮬란 – 큰 뱀의 구원이 가까이 왔노라! 왜냐하면 네가 남자로 변장하고 다니는 동안 널 지키라고 너의 조상들이 나를 보냈노라!

Mushu LAUGHS, then blows fire.

무슈가 웃는다. 그리고는 불을 내뿜는다.

MUSHU (to cricket) C'mon, if you're gonna stay, you're gonna work. (to Mulan) So **heed** my words, cause if the army finds out you're a girl, the **penalty** is death.

무슈 (귀뚜라미에게) 힘을 내라고, 여기 계속 있고 싶으면 일을 하란 말이야. (뮬란에게) 내 말을 잘 들어야 해. 왜냐하면 네가 여자인 걸 부대에서 알게 되면 넌 죽일 테니까.

The cricket **furiously** fans the flames.

귀뚜라미가 미친 듯이 불길에 부채질하고 있다.

MULAN (**in awe**) Who are you?

뮬란 (경외하는 표정으로) 당신은 누구시죠?

MUSHU Who am I? Who am I? I am the guardian of **lost souls**! I'm the powerful, the **pleasurable**, the **indestructible** — Mushu!

무슈 내가 누구냐? 내가 누구냐고? 나는 갈 길 잃은 영혼들의 수호신이다! 나는 강하고 즐거우며 파괴되지 않는 자 — 무슈!

Mushu **makes** his **grand entrance** from the bushes, but comes out his real size.

무슈가 덤불에서 나와 화려하게 등장하지만, 그의 실제 (작은) 모습이 드러난다.

MUSHU Ha, I'm pretty hot, huh?

무슈 하, 나 좀 멋지지, 그지?

WHAM! Khan stomps on him… and keeps stomping. He stops, **eventually**.

쾅! 칸이 그를 짓밟는다… 그리고 계속 밟는다. 그러다가 결국에는 멈춘다.

---

defensively 방어적으로

serpentine 큰 뱀, 구불구불한

salvation 구원, 구조

at hand 가까운 장래에, 머지않아

masquerade 가장/가식, 가장무도회

heed 주의를 기울이다

penalty 처벌, 형벌, 위약금

furiously 미친 듯이 노하여, 맹렬히

in awe 감탄하며, 경외하는 표정으로

lost soul 지옥에 떨어진 영혼, 길 잃은 영혼

pleasurable 즐거운

indestructible (쉽게) 파괴할 수 없는

make a/one's grand entrance 화려하게 입장하다

wham 쾅, 꽝, 쿵

eventually 결국, 끝내

MULAN	(polite; confused) My ancestors sent a little lizard to help me?

Mushu **takes offense**.

MUSHU	Hey, dragon, dragon— not lizard. I don't do that tongue thing.

물란 (공손하게; 혼란스러워하며) 내 조상님들이 나를 도우라고 꼬마 도마뱀을 보냈다고?

무슈가 기분 나빠한다.

무슈 이봐, 용이라고, 용— 도마뱀이 아니고. 난 그 혓바닥 내미는 거 그런 거 안 한단 말이야.

Mushu HISSES in a poor **attempt** to be a lizard.

무슈가 도마뱀처럼 쉭쉭 소리를 내려고 하지만 잘 안 된다.

MULAN	But… you're… uh…

물란 하지만… 너는… 어…

MUSHU	(**cutting** her **off**) Intimidating? Awe-inspiring?

무슈 (말을 끊으며) 무섭다고? 경외심을 불러일으킨다고?

MULAN	Tiny.

물란 너무 작잖아.

MUSHU	Of course! I'm travel size for your convenience! If I were my real size… (motioning to Khan) Your cow here would die of **fright**.

무슈 당연하지! 난 너의 편의를 위해 휴대용으로 왔으니까! 내가 원래 크기였으면… (칸을 가리키며) 네 소는 두려움에 아마 죽어 버릴걸.

Khan tries to bite Mushu's hand, but Mushu **jerks** it away in time.

칸이 무슈의 손을 물려고 하자, 무슈가 물리기 전에 떨쳐낸다.

MUSHU	Down, Bessie. Yes, my **powers** are beyond your **mortal imagination**! For instance, my eyes can see **straight through** your armor.

무슈 앉아, 베시. 그래. 내 능력은 너희 같은 하찮은 미물들의 상상을 초월한다고! 예를 들어, 내 눈은 너의 갑옷 속을 훤히 꿰뚫어 볼 수도 있어.

He starts to look— Mulan **instinctively** slaps his face.

그가 보려고 한다— 물란이 즉각적으로 그의 얼굴을 철썩 때린다.

MUSHU	Oww! (then; **indignant**) That's it! Dishonor, dishonor on your whole family! (to Cri-Kee) Make note of this.

무슈 아야! (그러고는; 분개하며) 관둬! 네 가문 모두의 명예에 먹칠이나 하라고. 이 불명예야! (귀뚜라미에게) 잘 적어 둬.

Cri-Kee pulls out a leaf and a twig and begins to **take notes**.

귀뚜라미가 나뭇잎과 작은 가지를 꺼내어 적기 시작한다.

MUSHU	(**placing a curse**) Dishonor on you, dishonor on your cow, dis…

무슈 (저주하며) 너에게 불명예. 네 소에게도 불명예. 불…

---

take offense 기분이 상하다, 노여워하다

attempt (힘든 일에 대한) 시도

cut someone off ~를 제지하다, 막아서다

intimidating (자신감이 없어지게) 겁을 주는

awe-inspiring 경외심을 불러일으키는

fright (섬뜩하게) 놀람, 두려움

jerk 홱 움직이다

powers (천사, 악마의) 힘, (신체/정신적) 능력

mortal (신보다 아무 힘없는 보통) 사람/인간

imagination 상상, 상상력

straight through 정확히 관통하여

instinctively 본능적으로, 직관적으로

indignant 분개한, 분해하는

take notes 메모/기록/노트하다

place a curse 저주를 내리다/걸다

Mulan, worried, grabs Mushu.

| | | 근심에 찬 뮬란이 무슈를 잡는다. |

MULAN Stop— I'm sorry, I'm sorry! (then; setting him down) I'm just... nervous. **I've never done this before.** ❶

뮬란 잠깐— 미안해. 미안하다고 (그러고는; 그를 내려놓는다) 난 단지… 불안해서 그래. 이런 건 태어나서 한 번도 해 본 적이 없으니까.

MUSHU Then you're gonna have to trust me. And don't you slap me no more. **We clear on that?** ❷

무슈 그렇다면 나를 신뢰해야만 할 거야. 그리고 다시는 나를 손바닥으로 찰싹 때리지 말라고, 알겠어?

Mulan nods.

뮬란 고개를 끄덕인다.

MUSHU Alright. Okey-dokey! Let's **get this show on the road**! (to Cri-Kee) Cri-Kee, get the bags! (to Khan) Let's move it **heifer**!

무슈 좋아. 좋다고! 이제 우리의 여정을 시작해 보자고! (크리키에게) 크리키, 가방들 가져와! (칸에게) 어서 가자. 애송이 소야!

EXT. **ARMY ENCAMPMENT** – DAY
Mulan **self-consciously** gets off her horse as a group of recruits give her blank stares. She watches them with **apprehension**, then removes her helmet. Mushu and the cricket peer at her from inside.

외부. 부대 야영지 – 낮
뮬란이 주위의 시선을 의식하며 말에서 내릴 때 한 무리의 신병들이 멍하니 그녀를 쳐다본다. 그녀가 걱정스러운 시선으로 그들을 바라보다가, 투구를 벗는다. 무슈와 귀뚜라미가 안에서 그녀를 유심히 살핀다.

MUSHU Okay, this is it. Time to show 'em your "man walk." Shoulders back, chest high, feet apart, head up... and **strut**! Two three, break that bone, two, three, and **work it**!

무슈 좋아. 바로 이거야. 너의 "사나이 걸음걸이"를 보여줄 때가 됐다. 어깨를 뒤로 젖히고, 가슴을 추어올리고, 다리를 벌리고, 머리를 들고… 당당하게 활보해! 둘 셋. 뼈가 으스러지게, 둘 셋. 자신 있게!

Mulan starts **awkwardly** walking through camp, observing the troops itching, scratching and picking various body parts.

뮬란이 어색하게 막사 사이를 걷기 시작하며, 병사들이 간지러워하며 몸 구석을 여기저기 긁고 뜯는 것을 본다.

MUSHU (in awe) Beautiful, isn't it?

무슈 (감탄하며) 아름답지, 안 그래?

MULAN They're disgusting.

뮬란 저 사람들 역겨운데.

MUSHU No, they're men. And you're gonna have to act just like them, so pay attention.

무슈 아니. 저게 바로 사나이라고. 이제 너도 저들과 똑같이 행동해야 하니까 집중해서 보라고.

---

get the show on the road (활동/여정을) 시작하다

heifer 어린 암소

army encampment 군대 야영지/막사

self-consciously 남의 이목을 의식하여

apprehension 우려, 불안

strut 뽐내며 걷다, 활보하다

work it (영리하게) 처리하다, 잘 해내다

awkwardly 어색하게, 서투르게

❶ **I've never done this before.**
난 평생 이런 건 한 번도 해 본 적이 없어.
'태어나서 단 한 번도 ~을 해 본 적이 없다' 즉, '이런 경험은 난생처음이야'라는 뜻으로 유용하게 쓸 수 있는 패턴식 표현이에요.

❷ **We clear on that?** 확실히 이해했지?
원래 문장은 Are we clear on that? 인데, 구어체로 be동사를 생략했어요. 상대방에게 지시/경고를 하고 확인할 때 쓸 수 있어요.

Disorderly Troops

오합지졸 부대

Mulan and Mushu approach a SOLDIER, displaying a dragon **tattooed** on his chest to YAO, a short man always **spoiling for** a fight. His friends LING, a tall, thin **joker** and CHIEN PO, a large **taciturn** man, look on…

키가 작고 늘 싸움 걸기를 좋아하는 남자 야오에게 자신의 가슴에 있는 용 문신을 보여주고 있는 한 병사에게 뮬란과 무슈가 다가간다. 키가 크고 깡마른 체구의 농담 따먹기를 좋아하는 그의 친구 링과 덩치가 크고 과묵한 치엔포가 쳐다보는데…

SOLDIER (to Yao and Ling) Look! This tattoo will protect me from **harm**.

병사 (야오와 링에게) 봐봐! 이 문신이 나를 다치지 않게 보호해 줄 거야.

YAO Hmmm…

야오 흠…

WHAM! He punches him in the chest.

팍! 야오가 그의 가슴에 주먹을 날린다.

LING (laughing) I hope you can **get** your **money back**.

링 (웃으며) 어서 가서 환불 받아야겠다.

MULAN (eyes wide) I don't think I can do this.

뮬란 (눈이 휘둥그레지며) 난 이런 건 못할 것 같아.

바로 이장면!

MUSHU It's all **attitude**! Be tough, like this guy here!

무슈 다 마음먹기에 달린 거야! 여기 이 남자처럼 터프하게 하라고!

Yao notices Mulan.

야오가 뮬란을 본다.

YAO What're you looking at?

야오 뭘 봐?

He spits in front of her.

야오가 그녀 앞으로 침을 뱉는다.

MUSHU Punch him. **It's how men say hello.**[1]

무슈 그에게 주먹을 날려. 그런 게 남자들의 인사법이야.

Mulan punches Yao. He slams into Chien Po.

뮬란이 야오에게 주먹을 날린다. 그가 치엔포에게 쿵 부딪힌다.

---

tattoo 문신, 문신을 새기다

spoil for ~을 갈망하다

joker 우스갯소리를 잘하는 사람, 멍청한

taciturn (성격이) 뚱한, 무뚝뚝한

harm 해, 피해, 손해

get one's money back 돈을 돌려받다

attitude (정신적인) 태도/자세, 사고방식

> **[1] It's how men say hello.**
> 그게 남자들의 인사법이야.
> 〈It's/that's how + 주어 + 동사〉 형식은 '이것이 ~가 ~하는 방식/법이다'라는 의미로 쓰이는 패턴식 표현이에요. 예를 들어, It's how we do business. '이게 우리가 일/사업을 하는 방식이야', 또는 It's how we do things around here. '이 동네에서 우리는 이런 식으로 해' 이렇게 쓸 수 있지요.

CHIEN PO   Oh, Yao! You've made a friend!

MUSHU   Good. Now slap him on the **behind**. They like that.

Mulan **tentatively** slaps Yao's behind. Yao freezes, unable to believe what just happened. Then... he GRABS her.

YAO   Woo hoo... I'm gonna hit you so hard, it'll make your ancestors **dizzy**!

CHIEN PO gently picks up Yao.

CHIEN PO   Yao... relax and **chant** with me.

YAO   (angry) Grrrr...

CHIEN PO   (calmly) Nan-wu-ah-me-toe-fu-da...

YAO   (angrily) Nan-wu-ah-me-toe-fu-daaa...

CHIEN PO   Feel better?

Chien Po sets Yao down. Yao starts to walk off.

YAO   (to Mulan; over his shoulder) Eh, you **ain't** **worth** my time, **chicken** boy.

Suddenly, Mushu pops out of Mulan's **collar**.

MUSHU   (yelling) Chicken Boy?!? Say that to my face, **ya limp noodle**!

Yao grabs Mulan.

YAO   Grrrrr!

치엔포   오, 야오! 너 새로운 친구를 사귀었구나!

무슈   잘했어. 이제 엉덩이를 찰싹 때려. 남자들은 그런 걸 좋아한다고.

뮬란이 소심하게 야오의 엉덩이를 찰싹 때린다. 지금 방금 일어난 일을 믿을 수 없다는 듯이 야오의 몸이 굳는다. 그러자… 그가 그녀를 잡는다.

야오   우 후… 네 조상들까지 현기증이 날 정도로 세게 한 방 날려주마!

치엔포가 부드럽게 야오를 들어 올린다.

치엔포   야오… 진정하고 나랑 염불이나 외자.

야오   (화난 얼굴로) 으갸…

치엔포   (잔잔하게) 나무아비타불…

야오   (화내며) 나무아비타불…

치엔포   기분이 좀 나아졌니?

치엔포가 야오를 내려놓는다. 야오가 다른 방향으로 걷기 시작한다.

야오   (뮬란에게; 어깨너머로) 쳇, 너 같은 놈하고 이러고 있는 시간이 아깝다. 겁쟁이 놈아.

갑자기, 무슈가 뮬란의 옷깃에서 튀어나온다.

무슈   (소리 지르며) 겁쟁이 놈이라고?!? 내 얼굴 보고 말해봐. 이 약골아!

야오가 뮬란을 잡는다.

야오   으갸!

---

behind 〈비격식〉 엉덩이

tentatively 망설이며

dizzy 어지러운, 현기증이 느끼는

chant 구호를 외치다, (짧은) 기도문을 읊조리다

ain't ~이 아니다

worth ~의 가치가 있는

chicken 〈비격식〉 겁쟁이, 겁쟁이인

collar (윗옷의) 칼라, 깃

yell 소리/고함치다

ya 〈비격식〉 you의 구어적 표현

limp 기운이 없는, 처진, 흐물흐물한

noodle 국수

limp noodle 약골

He throws a punch; she ducks. Yao HITS Ling, dropping him to the ground.

YAO   (sweetly) Oh, sorry, Ling.

Yao turns around and sees Mulan **sneaking away**.

YAO   Hey!

He **grabs for** her foot, but Ling tackles him into Chien Po. Ling looks up to see Mulan running away.

LING   Oh, **there he goes!**[1]

Yao, Chien Po and Ling chase after Mulan. She runs into a tent; they follow— but come out without her. Moments later, Mulan sneaks out of the tent to see Yao, then Ling stop short before a long line of men waiting for food. Chien Po runs up, but can't **brake**. Boom— he starts a **domino effect**, sending the first man into a giant **cauldron**. As **congee** spills everywhere, the men turn and stare at Mulan, **fuming**. Chi Fu observes the mess, makes note, then enters…

MULAN   Hey, guys…

그가 주먹을 날린다; 그녀가 몸을 숙여 피한다. 야오가 링을 가격하고, 링이 땅바닥으로 나뒹군다.

야오 (다정하게) 오, 미안해. 링.

야오가 뒤를 돌아보니 뮬란이 몰래 도망가고 있다.

야오 이봐!

그가 그녀의 발을 잡지만, 링이 야오를 덮치는데 치엔포에게 부딪친다. 링이 고개를 들어보니 뮬란이 도망가고 있다.

링 오, 놈이 저기 간다!

야오, 치엔포, 그리고 링이 뮬란을 뒤쫓아간다. 그녀가 막사로 뛰어들어가고 그들이 뒤따른다— 그런데 뮬란은 안 보이고 그들만 막사 밖으로 나온다. 잠시 후, 뮬란이 몰래 살금살금 막사에서 나와보니 야오, 그리고는 링이 식사 배급을 받으려고 기다리는 병사들의 긴 대열 앞에서 갑자기 멈춘다. 치엔포가 그들 쪽으로 뛰어가다가, 멈추질 못한다. 빡— 그가 도미노 효과를 내며 맨 앞에 서 있는 남자를 거대한 가마솥 안에 풍덩 빠지게 한다. 죽이 사방으로 쏟아지고, 남자들이 씩씩거리며 뮬란을 향해 돌아본다. 치푸가 난장판을 지켜보며 일지에 기록한 후 들어선다…

뮬란 이봐, 여보게들…

---

sneak away 슬그머니/살짝 빠져나가다

grab for ~을 잡아채다

brake 브레이크를 밟다, 속도를 줄이다

domino effect 도미노 효과 (연달아 쓰러지는 것)

cauldron 가마솥

congee 죽

fume (화가 나서) 씩씩대다

❶ There he goes!
그가 저기 간다!
찾고 있던 사람이 시야에 들어왔을 때 '저기 있다/간다'라고 외칠 때 쓰는 표현이에요. There he/she goes! 라고도 하고, 같은 상황에서 There he/she is! 라고 할 수도 있답니다.

Disney MULAN

Captain Li Shang

리샹 대장

🎧 13.mp3

INT. ARMY TENT
The General **goes over** a map of China while SHANG, a young **officer**, listens **intently**.

내부. 부대 막사
장군이 중국의 지도를 검토하고 있고 젊은 장교 샹이 열심히 듣고 있다.

GENERAL (pointing) The Huns have struck here, here, and here. I will take the **main troops** up towards the Tung-Shao **pass**, and stop Shan-Yu before he destroys this village.

장군 (가리키며) 훈족이 여기, 여기, 그리고 여기를 침략했다. 내가 주력부대를 이끌고 통샤오 관문 쪽으로 가서 산유가 이 마을을 초토화하기 전에 그를 저지할 것이다.

CHI FU Excellent **strategy**, Sir. (then) **I do love surprises.**❶ (LAUGHS)

치푸 훌륭한 작전이십니다. 장군. (그러고는) 역시 급습 작전이 최고지요. (웃는다)

GENERAL (to Shang) You will stay and **train** the new recruits. (motioning to Chi Fu) When Chi Fu believes you are ready, you will join us... Captain.

장군 (상에게) 자네는 여기에 머물며 신병들을 훈련시키도록 하게. (치푸를 가리키며) 치푸가 보기에 자네의 병력이 준비되었다고 생각이 되면, 그때 우리와 합류하게… 대장.

He hands Shang a beautiful sword. Shang takes this in. He wasn't expecting this...

그가 샹에게 멋진 검 한 자루를 건넨다. 샹이 그것이 무엇을 의미하는지 알아차린다. 그는 이를 기대하지 못했는데…

**바로 이 장면!*

SHANG (taking sword; surprised) Captain?

샹 (검을 받으며; 놀란다) 대장이라고요?

Chi Fu mouths the word, "Captain?"

치푸가 입 모양으로, "대장이라고?"

CHI FU This is an enormous **responsibility**, General. Perhaps a soldier with more experience—

치푸 이건 대단히 막중한 임무입니다. 장군. 아무래도 경험이 더 많은 병사에게 이 일을 맡기심이—

---

go over ~을 점검/검토하다

officer 장교

intently 골똘히, 여념 없이

main troop 주력부대. 본대

pass 산길, 등산로 〈군사〉 관문

strategy 전략

train 교육/훈련하다

responsibility 책임, 책무

❶ **I do love surprises.**
난 놀라게 하는 것이 참 좋더라고요.
문맥의 흐름상 '역시 급습하는 것이 최고다'라고 번역했는데, 직역하면 '놀라게 하는 것이 참 좋다'라는 의미이죠. 이 문장에서 쓰인 do는 강조 용법으로 쓰였는데, do 바로 뒤에 오는 동사의 뜻을 강조해 주는 역할을 한답니다.

GENERAL (reciting) Number One in his class, **extensive** knowledge of training techniques... an impressive military **lineage** — I believe Li Shang will do an excellent job.

장군 (죽 나열하며) 동기들 중 1등으로 졸업했고, 훈련기술에 대한 폭넓은 지식을 겸비했으며… 훌륭한 군인 가문 출신이니 – 리상은 이 임무를 그 누구보다 더 잘해 낼 것이라 믿소.

SHANG (excited) Oh, I will! And I won't let you down; this is, I mean—(**staring straight ahead**) Yes, Sir.

상 (신이 나서) 오, 그럼요! 실망시키지 않을 겁니다; 이건, 그러니까— (앞을 똑바로 응시하며) 예, 장군.

GENERAL Very good, then.

장군 좋소, 그럼.

He gathers his helmet.

그가 투구를 챙긴다.

GENERAL (to Shang) We'll **toast** China's victory at the Imperial City.

장군 (상에게) 우리는 황성에서 중국의 승리를 위해 축배를 들 걸세.

He turns to Chi Fu.

치푸에게로 돌아선다.

GENERAL I'll expect **a full report** in three weeks.

장군 3주 후에 상세한 보고를 기대하겠네.

The General exits.

장군이 나간다.

CHI FU (to Shang; **snide**) And I won't **leave** anything **out**.

치푸 (상에게; 헐뜯는 듯이) 하나도 빠짐없이 보고 올리겠습니다.

He shoots an "**I'll be watching you**"[1] look to Shang before leaving. A moment before Shang reacts, thrilled with his new position.

밖으로 나가기 전에 치푸가 상에게 "내 너를 지켜볼 것이야" 하는 표정을 짓는다. 새로운 직책에 대해 흥분한 상이 반응하기 전 잠시.

SHANG (impressively) "Captain Li Shang." (then; **regally**) "Leader of China's finest troops" – no, "the greatest troops, of all time."

상 (감명 받은 듯이) "리상 대장." (그러고는; 당당하게) "중국 최고의 부대를 이끄는 대장" – 아니지, "역대 가장 위대한 부대."

He likes the way that sounds, and proudly walks out of the tent.

이 표현을 마음에 들어 하며 위풍당당하게 막사 밖으로 나간다.

---

extensive 폭넓은, 많은

lineage 〈격식〉 (명문의) 혈통, 가계

stare straight ahead 똑바로 앞을 응시하다

toast ~을 위해 건배하다

a full report 상세한 보고

snide 〈비격식〉 (은근히) 헐뜯는

leave out 빼다, 생략하다

regally 당당히, 제왕답게

[1] I'll be watching you.
내가 너를 지켜볼 거야.
영화나 드라마에서 보면 손가락 두 개로 (보통 검지와 중지) 자신의 양 눈을 찌르듯이 가리킨 후, 상대방 쪽으로 손가락을 가리키면서 'I'll be watching you'라고 하는 장면이 심심찮게 나오는데, 이것은 '내가 이 두 눈으로 널 지켜볼 테니 조심해라/행동 똑바로 해라!'라는 의미랍니다.

EXT. ARMY ENCAMPMENT
Shang stands beside THE GENERAL AND CHI FU who are observing a massive fight. Head slamming, teeth flying. Shang, **flustered**, watches as a soldier keels over in front of them.

CHI FU   Most impressive.

The General steps over the fallen soldier and climbs onto his horse.

GENERAL   Good luck, Captain.

Shang watches as he rides off with his **battalion** of men.

SHANG   (**under his breath**) Good luck, father.

Chi Fu turns to Shang and **WHIPS out** his brush and pad.

CHI FU   (smiling) Day One…

Shang **gathers himself** and turns to his men.

SHANG   (yelling) Soldiers!

The men immediately **pull back**, leaving Mulan alone on the ground. They all point at her.

SOLDIERS He started it!❶

Shang approaches Mulan.

SHANG   (to Mulan) I don't need anyone causing trouble in my camp.

MULAN   (nervously) Sorry… (recovering; manly) I mean sorry you had to see that, but you know how it is when you get those manly **urges**, and ya just gotta kill something, Umph… fix things… cook outdoors…

외부. 부대 야영지
대대적인 싸움이 한바탕 벌어지고 있는 모습을 보고 있는 장군과 치푸 옆에 상이 선다. 머리를 쾅 들이박고, 이빨들이 날아다닌다. 상이 몹시 당황하며 그의 앞으로 고꾸라지는 한 병사를 바라본다.

치푸 참으로 가관이로군.

장군이 쓰러진 병사를 넘어서 자신의 말에 올라탄다.

장군 행운을 빌겠네, 대장.

장군이 그의 부하들과 떠나는 모습을 상이 바라본다.

상 (작은 목소리로) 행운을 빌어요, 아버지.

치푸가 상에게로 돌아서서 급히 그의 붓과 메모장을 꺼낸다.

치푸 (미소 지으며) 첫째 날…

상이 정신을 차리고 그의 부대원들을 향해 돌아선다.

상 (고함치며) 제군들!

병사들이 즉시 뒤쪽으로 빠지자 뮬란이 혼자 바닥에 남아있다. 그들이 모두 그녀를 가리킨다.

병사들 이놈이 시작했어요!

상이 뮬란에게 다가간다.

상 (뮬란에게) 내 부대에서 말썽을 일으키는 자는 필요 없다.

뮬란 (긴장하며) 죄송해요… (회복하며; 남자답게) 아니 그러니까 당신이 이런 모습을 보게 되어 유감이군요, 하지만 잘 아시잖소, 본래 사내들이 한 번 충동이 생기면 뭐 하나는 죽여야 직성이 풀리는 거, 엄… 뭘 고치고… 야외에서 요리하고…

---

fluster 허둥지둥하게 만들다

battalion 대대, 부대

under one's breath 작은 소리로

whip out ~을 잽싸게 꺼내다/뽑다

gather himself 정신을 가다듬다

pull back 물러나다. (군대를) 후퇴시키다

urge (강한) 욕구/충동

❶ **He started it!**
그가 이 싸움을 시작했어요!
싸움이 일어났을 때 그 싸움을 유발한 사람이 누구인지를 지적하며 쓰는 표현이에요. 예를 들어, 상대방이 '너 왜 나한테 시비를 자꾸 시비를 거니?'라고 따지듯 물으면 '네가 먼저 시비를 걸었잖아!'라고 할 때 You started it! 이렇게 말한답니다.

Day 14
Naming Mulan
뮬란 이름 짓기

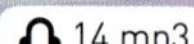
14.mp3

SHANG	What's your name?	샹 네 이름이 뭐냐?

MULAN (nervously) Uh… I, uhh…

뮬란 (긴장하며) 어… 저는, 어어…

Chi Fu appears beside Shang.

치푸가 샹 옆에 나타난다.

CHI FU Your **commanding officer** just asked you a question!

치푸 대장께서 묻지 않았느냐!

Mulan is totally **flummoxed**.

뮬란이 완전히 당황한다.

MULAN (sweating) I've got a name, heh… and it's a boy's name, too.

뮬란 (식은땀을 흘리며) 제게 이름이 있습니다. 에… 그리고 게다가 남자 이름이죠.

Mushu pops out behind her head and **whispers** in her ear.

무슈가 그녀의 머리 뒤에서 튀어나오며 그녀의 귀에 속삭인다.

MUSHU (**prompts** her) Ling! How 'bout Ling?

무슈 (그녀가 말하도록 유도한다) 링! 링이 어때?

MULAN (points to Ling) His name is Ling.

뮬란 (링을 가리키며) 저 사람 이름이 링인데.

SHANG I didn't ask for his name. I asked for yours.

샹 내가 물어본 건 저 사람의 이름이 아니야. 난 너의 이름을 물었다.

MUSHU (thinking) Try… uhh… Chu!

무슈 (생각한다) 그러면… 어… 추!

MULAN (**blurts out**) Ah-Chu!

뮬란 (불쑥 말한다) 아추!

SHANG Ah-Chu?

샹 아추?

MUSHU Gesundheit! (laughing) **I kill myself.**[1]

무슈 무사하길! (웃으며) 웃겨 죽겠네.

MULAN (whispering) Mushu.

뮬란 (작게 속삭이며) 무슈.

---

commanding officer 부대 지휘관
flummox 〈비격식〉 당황하게/혼란스럽게 만들다
whisper 속삭이다, 소곤거리다
prompt (~에게 어떤 결정을 내리도록) 하다
blurt out 무심결에/불쑥 말하다
Gesundheit! 〈독어〉 (재채기를 한 사람에게 하는 말) 건강하시길!

> [1] **I kill myself.**
> 웃겨 죽겠네.
> 사전에서 kill oneself하면 '자살하다'라는 무서운 뜻인데, 위에서는 '웃겨서 죽겠네' 즉 포복절도 하다는 의미입니다. 다소 과격한 표현이지만 친한 사람끼리 농담처럼 쓸 수는 있겠죠.

SHANG	Mushu?	**샹**	무슈?
MULAN	No!	**뮬란**	아닙니다!
SHANG	Then what is it?	**샹**	그럼 뭐지?
MUSHU	Ping. **Ping was my best friend growing up.** ❶	**무슈**	핑. 내가 어렸을 때 제일 친구 이름이 핑이었어.
MULAN	(to Shang) It's Ping.	**뮬란**	(샹에게) 핑입니다.
SHANG	Ping?	**샹**	핑이라고?
MUSHU	'Course Ping did steal my— (**MUFFLED**) girlfriend…	**무슈**	물론 핑이 내 여자친구를 – (입이 막힌 소리로) 채가긴 했지만…

Mulan keeps her hand over Mushu's mouth.

뮬란이 손으로 무슈의 입을 막는다.

MULAN	(**certain**) Yes. My name is Ping.	**뮬란**	(분명하게) 네. 제 이름은 핑입니다.

Shang stares **intently** at Mulan as he holds out his hand.

샹이 뮬란을 골똘히 응시하며 손을 내민다.

SHANG	Let me see your conscription notice.	**샹**	네 징병 통지서를 보자.

She nervously hands it to him.

그녀가 불안해하며 그에게 통지서를 건넨다.

CHI FU	(reading; shocked) "Fa Zhou"… the Fa Zhou?	**치푸**	(읽으며; 깜짝 놀란다) "파주"… 그 파주 말인가?
SHANG	I didn't know Fa Zhou had a son.	**샹**	파주에게 아들이 있었다는 건 금시초문인데.
MULAN	(**manly**) He doesn't talk about me much. (**hocking a loogie**) Hwaaaark… (spitting) Ptooey…	**뮬란**	(남성스럽게) 아버지는 제 얘기를 잘 안 하시죠. (가래침을 끓어 올리며) 흐아아아크… (뱉으며) 퉤…

Only she can't get the **saliva dangler** to fall.

가래침을 뱉긴 했는데 침이 매달려서 도무지 떨어지질 않는다.

---

muffle (소리를) 죽이다/약하게 하다

certain 확실한, 틀림없는

intently 골똘하게, 여념 없이

hock a loogie 가래침을 퉤 하고 뱉다

only 곧이어 ~만 하게 되는

saliva 침, 타액

dangler 매달린 부분, 매달리는 사람

❶ **Ping was my best friend growing up.** 핑은 어릴 때 나와 가장 친했던 친구야.
문장 맨 뒤에 growing up은 '어렸을 때', '크면서/자라면서'라는 의미로 해석하면 좋아요. 예를 들어, I didn't have any toys growing up. '난 어렸을 때 장난감이 하나도 없었다', We used to fight all the time growing up. '우린 자라면서 맨날 싸우곤 했었다' 이런 식으로 쓸 수 있답니다.

CHI FU   (whispering to Shang) I can see why— the boy's an **absolute lunatic**.

치푸 (상에게 속삭이며) 왜 그런지 알 것 같군요— 저 녀석 완전 미치광이네요.

Shang **assumes** his **officious** manner and turns to the troops.

상이 위압감을 주는 태도로 돌아서 부대원들을 향한다.

SHANG   Okay, gentlemen. **Thanks to** your new friend Ping, you'll spend tonight picking up **every single** grain of rice. And tomorrow, the real work begins!

상 자, 제군들. 너희들의 새 동기 핑 덕분에 너희들은 오늘 밤 쌀 한 톨 남김없이 모두 주워 담게 될 것이다. 그리고 내일은 장난이 아닌 진짜 훈련이 시작된다!

Yao, Ling and Chien Po **GLARE** and GROWL at Mulan.

야오, 링, 그리고 치엔포가 뮬란을 노려보며 으르렁거린다.

MUSHU   You know, we have to **work on** your **people skills**.

무슈 있잖아, 우리 네 대인관계 기술을 좀 연마해야 할 것 같아.

EXT. ARMY CAMP – MORNING
A lone little tent stands outside the main group of tents.

외부. 부대 야영지 – 아침
여러 개의 천막들이 모여 있고 그 옆으로 덩그러니 작은 천막이 하나 서 있다.

INT. MULAN'S TENT
MUSHU picks up the cricket, **winding** his wings like an alarm clock. He sets the cricket down beside Mulan, who's asleep. RRRINGGG!!!!

내부. 뮬란의 천막
무슈가 귀뚜라미를 들어 올려 마치 알람 태엽을 감듯 그의 날개를 돌려 감는다. 그가 잠든 뮬란 옆으로 귀뚜라미를 내려 놓는다. 따르릉!!!

MUSHU   (yelling) Alright, rise and shine, sleeping beauty!

무슈 (소리치며) 자, 어서 일어나, 잠자는 숲속의 공주님!

Mulan lies back down and pulls the covers over her head. Mushu **rips away** her blanket and **rushes around** the tent.

뮬란이 도로 눕고 이불을 그녀 머리 끝까지 덮는다. 무슈가 그녀의 이불을 홱 벗기고 천막 안을 뛰어다닌다.

MUSHU   C'mon, hup, hup, hup! Get your clothes on, **get ready**— got breakfast for you...

무슈 자 어서, 일어나, 일어나! 옷을 입고 준비해라— 아침밥 가져왔어…

Mulan wipes her eyes.

뮬란이 눈을 비빈다.

MUSHU   (holding out a bowl) Look— you get **porridge**...

무슈 (사발을 들고) 봐— 죽이야…

---

absolute 완전한, 완전, 순

lunatic 미치광이, 정신병자

assume (특질, 양상을) 띠다/취하다

officious 거들먹거리는, 위세를 부리는

thanks to ~ 덕분에/때문에

every single 하나도 빠짐없이 모두

glare 노려보다, 쏘아보다

work on ~에 공/노력을 들이다

people skills 대인관계기술, 사람 다루는 기술

wind (테이프, 필름 등을) 감다/돌리다

rip away ~을 떼내다, 벗기다

rush around 뛰어다니다

get ready 준비를 하다

porridge 죽, 오트밀

ON THE PORRIDGE – two eggs and a piece of pork make a smiley face.

MUSHU …and it's happy to see you! (noticing cricket in porridge) Hey— **get outta there. (flicking** him away) You're gonna make people sick!

죽 위에 – 계란 두 개와 돼지고기 한 점이 웃는 얼굴 모양을 하고 있다.

무슈 …그리고 너를 보니 기쁘다고 하네! (죽 안에 귀뚜라미가 있는 것을 보고) 야— 거기서 나와. (손가락으로 튕겨 빼내며) 너 때문에 사람들이 병든다고!

MULAN (dressing) Am I late?

뮬란 (옷을 입으며) 나 지각인가?

Mushu stuffs food into her mouth.

무슈가 그녀의 입에 음식을 마구 쑤셔 넣는다.

MUSHU No time to talk. Now remember, it's your first day of training, so listen to your teacher, and no fighting — play nice with the other kids… **unless**, of course, one of the other kids want to fight, then you have to kick the other kid's butt.

무슈 말할 시간 없어. 명심해. 오늘이 네 첫 훈련 날이야. 그러니까 선생님 말씀 잘 듣고 싸우지 말고 – 다른 아이들에게 잘 대해 주고… 그렇지만 물론 싸움을 거는 놈이 있다면 그런 놈은 후려 패 줘야만 하지.

MULAN (eating) But I don't want to **kick** the other kids' **butts**.

뮬란 (먹으며) 하지만 난 다른 아이를 때리고 싶지는 않은데.

MUSHU Don't talk with your mouth full. Now let's see your war face…

무슈 먹으면서 말하지 마. 자, 전쟁 나갈 때 얼굴 표정 지어 봐…

Mulan **attempts** a **pathetic fierce** look. Mushu raises a brow.

뮬란이 험악한 표정을 지어보려 하지만 애처롭다. 무슈가 눈썹을 추어올린다.

MUSHU Oooh, I think my bunny slippers just **ran for cover**… (grabbing her collar) C'mon, scare me, girl!

무슈 우우, 내 토끼 슬리퍼가 무서워서 도망가겠네… (그녀의 멱살을 잡으며) 자, 날 두려움에 떨게 해 봐, 아가씨!

Mulan GROWLS at him, annoyed. He smiles, satisfied.

뮬란이 짜증이 나서 그에게 으르렁거린다. 그가 만족한 듯 미소 짓는다.

MUSHU That's my tough looking warrior! **That's what I'm talkin' about!**[1] Now get out there and make me proud!

무슈 그래 이제야 거친 전사 느낌이 오네! 바로 그거라고! 자 이제 나가서 내가 뿌듯할 수 있게 해 줘!

---

get outta there 거기서 나가 (outta = out of)

flick (손가락 등으로) 튀기다/털다

unless ~하지 않는 한, ~이 아닌 한

kick someone's butt 궁둥이를 걷어차다

attempt 시도하다, 애써 해보다

pathetic 애처로운, 불쌍한, 한심한

fierce 험악한, 사나운, 맹렬한

run for cover 숨을 곳을 찾아 뛰다

[1] **That's what I'm talkin' about!**
그래 바로 그거야!
직역하면 '그것이 내가 이야기하던 거야!'인데, 보통 '그래 바로 그거야!' '내가 원했던/말했던 게 바로 그거라고!'라고 해석하면 자연스러워요. 상대방이 마침내 내가 원하는 말이나 행동을 했을 때, 또는 어떤 만족할 만한 결과를 냈을 때 '그래 바로 그거야!'라고 외칠 때 쓰는 표현이에요.

Retrieving the Arrow

화살 되찾아오기

🎧 15.mp3

KHAN **pokes** his head into the tent and WHINNIES.

칸이 텐트 안으로 머리를 들이밀며 히힝 거린다.

MUSHU　**Whaddya mean** the troops just left?

무슈　병사들이 지금 막 떠났다니 그게 무슨 말이야?

MULAN　They what?

뮬란　그들이 뭐라고?

OUTSIDE THE TENT
Mulan **hurries off** as Mushu **starts after** her.

텐트 외부
뮬란이 서둘러 나가고 무슈가 그 뒤를 따른다.

MUSHU　Wait! You forgot your sword!

무슈　잠깬! 검을 안 가져갔잖아!

Only she's gone. He sighs.

하지만 그녀는 이미 사라졌다. 그가 한숨을 쉰다.

MUSHU　(wiping a **fake tear**; to the cricket) My little baby... **off to** destroy people.

무슈　(가짜 눈물을 닦으며; 귀뚜라미에게) 우리 가엾은 아가… 사람들을 쳐부수러 떠났네.

EXT. **TRAINING GROUNDS** – MOMENTS LATER
The soldiers are **goofing off**. Chi Fu tries to **control** them.

외부. 연병장 – 잠시 후
병사들이 빈둥대고 있다. 치푸가 그들을 통제하려고 애쓴다.

CHI FU　Order, people, order!

치푸　질서를 지키시오, 제군들. 질서를!

SOLDIER　I'd like a **pan-fried** noodle!

병사　난 팬에 볶은 국수로 줘요!

CHIEN PO　Ooh— sweet and **pungent** shrimp!

치엔포　우— 달콤 매콤 새우!

SOLDIER　**Moo goo gai pan!**

병사　난 무구가이팬으로!

CHI FU　(**furious**) That's not funny!

치푸　(격노하며) 안 웃기거든!

Ling sees Mulan **heading** towards them.

링은 그들에게 뮬란이 다가오는 것을 본다.

---

poke 쿡 찌르다, 쑥 내밀다

Whaddya mean? 무슨 뜻이야? (= What do you~)

hurry off 서둘러/급히 떠나다

start after ~을 뒤쫓다

fake tear 가짜 눈물

off to ~하기 위해 떠나다

training ground 훈련장, 연병장

goof off 껄렁거리다, 빈둥거리다

control 통제/제어하다

pan-fried (기름을 조금 넣고) 프라이팬에 볶은

pungent (맛, 냄새가) 톡 쏘는 듯한, 매운

Moo goo gai pan 무구가이팬 (채소, 닭고기, 국수를 소스에 볶은 광둥요리)

furious 몹시 화가 난, 맹렬한

head (특정 방향으로) 가다, 향해 가다

LING   (**smirking**; to men) Looks like our new friend slept in this morning. Hello, Ping, are ya hungry?

링 (능글맞게 웃으며: 남자들에게) 우리 새 동기 양반께서 늦잠을 잤나 보네. 안녕, 핑. 배고프니?

Mulan comes to a stop beside Ling and Yao.

뮬란이 링과 야오 앞에 멈춰 선다.

YAO   Yeah, 'cause I owe you a **knuckle sandwich**.

야오 그래. 내가 너한테 주먹 한 방 빚진 게 있거든.

바로 이장면!*

SHANG   (O.S.) Soldiers!

샹 (화면 밖) 제군들!

The men **stand at attention** as Shang enters.

샹이 들어오자 남자들이 차렷 자세를 취한다.

SHANG   You will **assemble** swiftly and silently every morning.

샹 오늘 아침 너희들은 신속하면서도 조용히 모여야 할 것이다.

He takes off his shirt— he's hot. Mulan sneaks a peek.

그가 셔츠를 벗는다— 몸짱이다. 뮬란이 몰래 살펴본다.

SHANG   Anyone who **acts otherwise**, will answer to me.

샹 그렇게 하지 않는 자는 누구든지 나와 대면해야 할 것이다.

YAO   (whispering to Ling) Ooh, tough guy.

야오 (링에게 속삭이며) 우, 터프한 척하기는.

SHANG   Yao.

샹 야오

Shang pulls out an arrow and draws his bow. The row of men step back, leaving Yao front and **vulnerable**, Shang FIRES it high into a pole behind him.

샹이 화살을 빼서 그의 활을 당긴다. 한 열의 남자들이 뒤로 물러서고, 야오가 딱 다치기 쉬운 모습으로 앞에 홀로 남아 있고, 샹이 그의 뒤에 있는 기둥으로 화살을 높이 쏘아 올린다.

SHANG   Thank you for **volunteering**. (gesturing) **Retrieve** the arrow.

샹 자원해 줘서 고맙다. (몸짓으로 가리키며) 화살을 되찾아 와라.

Yao bows, then approaches the pole.

야오가 목례를 하고, 기둥으로 다가간다.

YAO   (mumbling) Oh, I'll get that arrow, Pretty Boy— and **I'll do it with my shirt on.**❶

야오 (웅얼거리며) 오, 화살을 가져오지, 기생오라비 같은 놈아— 난 옷은 입고 할 거다.

---

smirk 히죽히죽 능글맞게 웃다

knuckle sandwich (속어) (주먹으로) 한 방 먹이기

stand at attention '차렷' 자세를 취하다

assemble 모이다, 모으다, 집합하다

act otherwise 다르게/달리 행동하다

vulnerable 취약한, 연약한

volunteer 자원/자진하다

retrieve 되찾아오다, 회수하다

❶ **I'll do it with my shirt on.**
난 그것을 옷을 입은 채로 하겠다.
샹 대장이 웃옷을 벗고 훈련하는 모습에 대해 비아냥거리며 야오가 '난 굳이 너처럼 웃옷을 벗지 않고 옷을 입은 채로 하겠다'는 의미로 한 말인데, 이러한 문장은 'with + (옷/신발/안경 등등) + on' 조합을 활용해서 만들 수 있답니다.

Shang holds up his hand.

SHANG　One moment. You seem to be missing something.

Chi Fu brings out two large bronze **discs**. Shang takes out one disc and holds it high speaking to all the troops.

SHANG　This — **represents discipline**. (tying on another disc) And this, represents strength.

Shang hands the **weight** to Yao and the weight falls to the ground taking Yao's arm with it, he hands the other weight to Yao making him fall to the ground. The troops laugh.

SHANG　You need both to reach the arrow.

상이 그의 손을 내민다.

상　잠깐. 네가 뭔가 두고 가는 것 같구나.

치푸가 두 개의 커다란 동 원반을 가져온다. 상이 원반 하나를 들어 부대원들에게 큰소리로 말한다.

상　이건 – 규율을 상징한다. (또 다른 원반을 걸며) 그리고 이건, 힘을 상징하지.

상은 그 원반을 야오의 한쪽 팔에 걸자 그 무게로 야오가 쑥 내려가고, 다른 쪽에 걸자 야오는 바닥에 푹 쓰러진다. 부대원들이 킥킥 웃는다.

상　화살에 다다르려면 그 둘이 모두 필요하다.

Yao looks at the top of the pole, then **aggressively** begins his climb. **Grunting**, sweating— he starts to make it up, but the weights are too much. He CRASHES to the ground. Chien Po, Ling and Mulan attempt the same and fail. Mulan rubs her behind as she walks past Shang.

SHANG　**We've got a long way to go.**[1]

Shang tosses long, wooden poles to the men as he begins TRAINING. **Throughout**, the men try to **sabotage** Mulan.

야오가 기둥의 꼭대기를 본다. 그러고는 공격적으로 오르기 시작한다. 끙끙거리며, 진땀을 흘리고—조금씩 올라가는 듯하지만, 너무 무겁다. 그가 바닥으로 쾅 떨어진다. 치엔포, 링, 그리고 뮬란도 도전하지만 모두 실패한다. 뮬란이 몸 뒤쪽을 문지르며 상을 지나간다.

상　아직 갈 길이 멀구나.

상이 남자들에게 긴 나무 막대기들을 던져주고 훈련을 시작한다. 훈련 내내, 남자들이 끊임없이 뮬란을 일부러 방해한다.

---

disc 원반

represent (상징물로) 나타내다

discipline 규율, 훈육, 군기, 기강

weight 무거운 것, 추

aggressively 공격적으로, 정력적으로

grunt 끙 앓는 소리를 내다, 툴툴거리다

throughout ～동안 쭉, 내내

sabotage (고의적인) 방해, 방해 공작을 하다

[1] **We've got a long way to go.**
아직 갈 길이 멀다.
실제 지리적으로 어떤 특정 목적지를 향해 갈 때 쓸 수도 있는 표현이지만, 비유적으로 어떤 목표로 삼고 있는 상태에 도달하려면 큰 노력과 시간이 필요하다고 할 때도 자주 쓰이는 표현이에요.

DISNEY MULAN

Be a Man

대장부가 돼라

🎧 16.mp3

SHANG | LET'S GET DOWN TO BUSINESS❶ – TO DEFEAT THE HUNS
DID THEY SEND ME DAUGHTERS WHEN I ASKED FOR SONS
YOU'RE THE SADDEST BUNCH I'VE EVER MET
BUT YOU CAN BET BEFORE WE'RE THROUGH
MISTER I'LL MAKE A MAN OUT OF YOU

TRANQUIL AS A FOREST
BUT ON FIRE WITHIN
ONCE YOU FIND YOUR CENTER
YOU ARE SURE TO WIN
YOU'RE A SPINELESS, PALE, PATHETIC LOT
AND YOU HAVEN'T GOT A CLUE❷
SOMEHOW I'LL MAKE A MAN OUT OF YOU

CHIEN PO | I'M NEVER GONNA CATCH MY BREATH

YAO | SAY GOODBYE TO THOSE WHO KNEW ME

LING | BOY, WAS I A FOOL IN SCHOOL FOR CUTTING GYM

MUSHU | THIS GUY'S GOT 'EM SCARED TO DEATH

MULAN | HOPE HE DOESN'T SEE RIGHT THROUGH ME

CHIEN PO | NOW I REALLY WISH THAT I KNEW HOW TO SWIM

샹 본격적으로 시작해 보자 – 훈족을 물리치기 위해
내가 아들들을 보내라고 했더니 딸들을 보낸 건가?
너희는 이제껏 내가 만났던 병사들 중 제일 오합지졸이다
하지만 내가 분명히 약속하지. 우리의 훈련이 모두 끝나기 전에
사나이여, 내가 너희를 대장부로 만들어주리라

숲처럼 고요한
하지만 내면은 불타오르는
일단 중심을 찾게 되면
확실히 이길 수 있지
너희들은 기개가 없고, 낯빛은 창백하고, 한심해
그리고 뭐가 뭔지 전혀 감도 못 잡고 있어
하지만 어떻게든 내가 너희를 대장부로 만들어주리라

치엔포 숨고를 시간도 전혀 없네

야오 나를 알던 모든 이들에게 작별 인사를 하려네

링 맙소사, 학창 시절 체육 시간 땡땡이 친 내가 바보네

무슈 이러다 누구 죽겠군

뮬란 그가 나를 알아채지 않아야 할 텐데

치엔포 수영을 할 줄 알았다면 정말 얼마나 좋았을까

---

defeat 물리치다, 패배

bunch 다발, 묶음, 사람들

bet 돈을 걸다, ~이 틀림없다/분명하다

be through ~을 끝마치다

tranquil 고요한, 평온한

spineless 줏대/기개가 없는, 척추가 없는

cut 〈비격식〉 수업을 빼먹다

scared to death 무서워 죽을 것 같은

❶ **Let's get down to business!**
본격적으로 시작하자!
사람들이 만나 인사도 나누고 근황 얘기를 나누다가, '이제 본론으로 들어가 보자!'라고 할 때 쓰는 관용표현이에요.

❷ **You haven't got a clue.**
넌 전혀 감도 못 잡고 있다.
clue는 '단서, 실마리, 힌트'라는 뜻을 가진 명사예요. 이 표현은 지금 벌어지는 일에 대해 '아무런 단서도 없다'는 뜻으로 이해할 수 있겠죠.

SHANG (BE A MAN)
WE MUST BE SWIFT AS THE **COURSING RIVER**
(BE A MAN)
WITH ALL THE FORCE OF A GREAT **TYPHOON**
(BE A MAN)
WITH ALL THE STRENGTH OF A **RAGING** FIRE
MYSTERIOUS AS THE **DARK SIDE OF THE MOON**

His troops laden with poles on their shoulders carrying bags of grain, they march up a mountain.

SHANG TIME IS RACING TOWARD US TILL THE HUNS ARRIVE
HEED MY EVERY ORDER AND YOU MIGHT SURVIVE
YOU'RE **UNSUITED** FOR THE RAGE OF WAR
SO **PACK UP** GO HOME YOU'RE THROUGH
HOW COULD I MAKE A MAN OUT OF YOU

Shang hands the **reigns** of Khan to Mulan. When she comes back, she sees the arrow atop the pole. **Determined**, she starts to climb the pole. She falls, then gets an idea. Tying the discs together, she uses them to pull herself up the pole. The men come to watch, **admire**, and be **motivated by** her.

SHANG (BE A MAN)
WE MUST BE SWIFT AS THE COURSING RIVER
(BE A MAN)
WITH ALL THE FORCE OF A GREAT TYPHOON
(BE A MAN)
WITH ALL THE STRENGTH OF A RAGING FIRE
MYSTERIOUS AS THE DARK SIDE OF THE MOON

샹 (대장부가 돼라)
굽이치는 강물처럼 잽싸야만 하네
(대장부가 돼라)
강력한 태풍과 같은 힘을 모아
(대장부가 돼라)
격렬하게 타오르는 불과 같은 힘으로
달의 뒷면처럼 신비하게

샹의 부대원들이 어깨에 곡물 주머니를 메고, 산으로 행군한다.

샹 훈족이 도착하기까지 이제 남은 시간이 얼마 없다
나의 명령을 잘 듣고 따르면 살아남을 수 있다
너희들은 전쟁의 맹렬함과는 어울리지 않아
그러니 짐을 싸서 집으로 돌아가라 너희는 끝장이야
대체 너희를 어떻게 대장부로 만들 수 있을까

샹이 뮬란에게 (집으로 돌아가라며) 칸의 고삐를 쥐여 준다. 뮬란은 돌아가려다 기둥 꼭대기에 꽂힌 화살을 본다. 단단히 마음을 먹고 그녀가 기둥을 오르기 시작한다. 그녀가 떨어진다. 그리고 아이디어를 떠올린다. 원반을 함께 묶고 그것을 이용하여 자신의 몸을 잡아당겨 기둥을 오른다. 병사들이 와서 그 모습을 바라보며 감탄하고 그녀에게서 동기 부여를 받는다.

샹 (대장부가 돼라)
굽이치는 강물처럼 잽싸야만 하네
(대장부가 돼라)
강력한 태풍과 같은 힘을 모아
(대장부가 돼라)
격렬하게 타오르는 불과 같은 힘으로
달의 뒷면처럼 신비하게

---

coursing river 빠르게 흐르는 강물

typhoon 태풍

rage 격렬한 분노, 몹시 화를 내다

mysterious 기이한, 불가사의한, 신비한

dark side of the moon 달의 뒷면

heed 주의를 기울이다

unsuited 어울리지 않는

pack up (떠나기 위해) 짐을 싸다/챙기다

rein 고삐

determined 단단히 결심한, 단호한

admire 존경하다, 감탄하며 바라보다

motivated by ~이 동기가 되어

(BE A MAN)
WE MUST BE SWIFT AS THE COURSING RIVER
(BE A MAN)
WITH ALL THE FORCE OF A GREAT TYPHOON
(BE A MAN)
WITH ALL THE STRENGTH OF A RAGING FIRE
MYSTERIOUS AS THE DARK SIDE OF THE MOON

(대장부가 돼라)
굽이치는 강물처럼 잽싸야만 하네
(대장부가 돼라)
강력한 태풍과 같은 힘을 모아
(대장부가 돼라)
격렬하게 타오르는 불과 같은 힘으로
달의 뒷면처럼 신비하게

The soldiers, **in** perfect **unison**, **complete** elegant, **skilled martial arts** kicks and leaps into the air.

병사들이 완벽하게 일치되고, 우아하고 숙련된 무예 발차기를 하며 공중으로 뛰어오른다.

EXT. WOODS
Shan-Yu sitting on top of a tree. He cuts off the very top with his sword... His falcon **swoops** and drops a doll. Shan-Yu takes the doll, **sniffs** it, looks surprised, and drops down to the ground. The other elite Huns stare him. Shan-Yu TOSSES the doll to him.

외부. 숲
샨유가 나무 꼭대기에 앉아 있다. 그의 칼로 끄트머리를 쳐내는데... 그의 매가 급강하여 인형을 떨어뜨린다. 샨유가 그 인형을 잡고 냄새를 맡자 놀란다. 그리고 땅바닥으로 내려온다. 훈족 정예 병사들이 그를 쳐다본다. 샨유가 그에게 인형을 던져준다.

SHAN-YU   What do you see?

샨유 무엇이 보이는가?

The Big Hun feeling the doll.

덩치 큰 훈족 병사가 인형을 만져 본다.

STRONG HUN   **Black pine**... (realizing) ... from the high mountains!

건장한 훈족 병사 흑송이군요... (알아차리며) ... 높은 산에 서식하는!

Long Hair Hun Man takes the doll from Hun Strong Man. Bald Hun Man takes a hair from it.

장발의 훈족 병사가 건장한 병사에게서 인형을 가져간다. 대머리 병사가 인형에서 흰 털을 떼어 낸다.

BALD HUN   White horsehair... (**concerned**) ... Imperial **stallions**!

대머리 훈족 병사 백마의 털... (우려하며) ... 황제의 종마입니다!

LONG HAIR HUN   Sulphur... from **cannons**.

장발 훈족 병사 유황 냄새가 납니다... 대포에서 나온.

Long Hair Hun Man **hands** it to Shan-Yu.

장발의 훈족 병사가 샨유에게 인형을 건네준다.

---

in unison 일제히, 합심하여, 제창으로

complete 완전한, 끝마치다

skilled 숙련된, 노련한

martial art 무술

swoop 급강하다, 급습하다

sniff 코를 훌쩍이다, 냄새를 맡다

black pine (소나무과) 흑송, 곰솔

concerned 걱정/염려하는

stallion 종마

sulphur 황, 유황

cannon 대포

hand 건네주다

SHAN-YU This doll **came from** a village in the TUNG SHAO pass... where the Imperial army is waiting for us.

ARCHER We can **avoid** them **easily**.

Shan-Yu **mounts** his horse.

SHAN-YU No, the quickest way to the Emperor is **through** that pass.

He looks at the doll.

SHAN-YU Besides, the little girl will be missing her doll... we should return it to her.

샨유 이 인형은 텅샤오 관문에 있는 마을에서 온 것이다… 황제의 군대가 우리를 기다리고 있는 바로 그곳에서.

궁수 그들을 쉽게 피해 갈 수 있겠군요.

산유가 자기 말에 올라탄다.

샨유 아니지. 황제에게 가는 가장 빠른 길은 그 관문을 통과하는 것이다.

그가 인형을 바라본다.

샨유 뿐만 아니라. 그 어린 소녀가 이 인형을 보고 싶어 할 테니… 그녀에게 이걸 되돌려줘야겠군.

---

come from ~에서 나오다, 출신이다
avoid 피하다, 막다, 방지하다
easily 쉽게, 수월하게
mount 올라타다
through ~을 통해, 관통하여
besides ~외에, 게다가

Taking a Bath in the Lake
호수에서의 목욕

🎧 17.mp3

EXT. LAKE – NIGHT
PAN DOWN from a FULL MOON to a small, **pristine** lake **nestled in the midst of towering** rocks and **sweeping** trees. Mushu **paces** nervously in front of a large bush near the lake.

외부. 호수 – 밤
보름달이 보였다가 높이 치솟은 바위들과 만곡을 이루는 나무들 가운데 아늑하게 자리 잡고 있는 작은 청정호수를 비춘다. 무슈가 호수 근처에 있는 큰 덤불 앞에서 초조하게 서성거리고 있다.

바로 이장면!*

MUSHU   Oh no. This is not a good idea. What if somebody sees you?

무슈 오 안 돼. 이건 좋은 생각이 아냐. 누가 보면 어쩌려고 그래?

MULAN   Just because I look like a man doesn't mean I have to smell like one!

뮬란 단지 내 모습이 남자 같다고 해서 냄새도 남자 같아야만 하는 건 아니잖아!

MUSHU   So a couple of guys don't rinse out their socks. **Picky**, picky, picky. **As for** myself, I kinda like that **corn-chip** smell.

무슈 그래 봐야 뭐 몇 놈이 양말을 안 빠는 것뿐이잖아. 참 까다롭게 구네. 까다로워. 까다롭다고. 내 의견을 말하자면 말이지. 난 그 콘칩 냄새 같은 게 좋던데.

MULAN surfaces from the water, shoulder-high.

뮬란이 수면 위로 올라온다. 어깨높이만큼.

MULAN   (**refreshed**) Ahhh...

뮬란 (상쾌해하며) 아아…

Mushu, his ears **acting as blindfolds, holds out** her clothes.

무슈가 자신의 귀를 눈가리개로 쓰면서 그녀의 옷을 내민다.

MUSHU   Alright, alright— that's enough! Now come on, get out before you get all **pruny and stuff**.

무슈 좋아. 좋아― 그 정도면 됐어! 자 이제 네 몸이 쭈글쭈글해지고 그러기 전에 어서 나와라.

MULAN   (relaxed) Mushu, if you're so worried, go **stand watch**.

뮬란 (느긋해하며) 무슈. 그렇게 걱정이 되면 가서 보초라도 서지 그래.

Mushu walks back to the cricket, his eyes still covered.

무슈가 여전히 자신의 눈을 가린 채로 다시 귀뚜라미에게로 걸어간다.

---

pristine 완전 새것 같은, 아주 깨끗한

nestle 따뜻이 앉다. (아늑한 곳에) 자리 잡다

in the midst of ~의 한가운데에

towering 우뚝 솟은, 높이 치솟은

sweeping 곡선 모양의, 만곡을 이루는

pace 서성거리다

picky 까다로운, 별스러운

as for ~에 관해/대해서 말하자면

corn-chip 콘칩

refreshed (기분이) 상쾌한, 개운한

act as ~으로서의 역할을 하다/맡다

blindfold 눈가리개

hold something out (물건 등을) 내밀다

pruny 〈비격식〉 주름이 있는

and stuff 〈비격식〉 ~같은 (뭐 그런) 것

stand watch 보초 서다. 당직을 서다

MUSHU (imitating Mulan) Yeah yeah, "stand watch Mushu while I blow our secret with my stupid girly habits." Pffft. **Hygiene**.

무슈 (뮬란을 흉내 내며) 그래그래. "무슈, 가서 보초나 서라 나는 어리석은 여자들의 습관으로 비밀을 누설할 테니." 풰. 혼자 청결한 척은.

Suddenly, from the hill comes the sound of running feet. The cricket starts CHIRPING.

갑자기, 언덕 위에서 달려오는 발소리가 들린다. 귀뚜라미가 찍찍거리기 시작한다.

LING (O.S.) Whaaa!!!

링 (화면 밖) 와아아!!!

YAO (O.S.) Me first! Me first! Me first!

야오 (화면 밖) 나 먼저야! 내가 먼저라고! 나 먼저!

Mushu opens his eyes to see the Gang of Three running towards the lake, **shedding** their clothes.

무슈가 눈을 떠 삼총사가 옷을 훌러덩 벗어 던지며 호수로 달려오는 것을 본다.

MUSHU (panicked) Aaaaah! **We're doomed!**[1] There are a couple of things I know they're **bound** to notice!

무슈 (공황 상태) 아아아! 우린 이제 끝장이야! 저들이 알아차릴 몇 가지가 있단 말이지!

He heads towards the lake.

그가 호수 쪽으로 간다.

LING (O.S.) Hi-yaaahh!!!

링 (화면 밖) 히야아아!!!

Mulan panics and ducks into the water.

뮬란이 경악하며 물속으로 몸을 숨긴다.

LING/YAO (O.S.) Aii-yah yah yah!!

링/야오 (화면 밖) 아이-야 야 야!!

Ling, then Yao jump into the lake. Chien Po tests the water with his big toe, then **does a cannonball**.

링. 그리고는 야오가 호수가 뛰어든다. 치엔포가 자신의 큰 발가락으로 물을 점검한 후, 대포알 다이빙을 한다.

CHIEN PO Whoo!!!

치엔포 우후!!!

The Gang of Three **splash about**, having fun. **Under cover of** a **lily pad**, Mulan makes her way towards a rock. Yao sees her.

삼총사가 물을 첨벙첨벙 튀기면서 즐겁게 논다. 수련 앞으로 가리며 뮬란이 바위 쪽으로 나아간다. 야오가 그녀를 본다.

YAO (happily) Hey, Ping!

야오 (유쾌하게) 안녕, 핑!

---

hygiene 위생

shed (옷을) 벗어버리다

bound 꼭 ~할 것 같은

do a cannonball 〈비격식〉 대포알이 떨어지듯 다이빙하다

splash about 물을 첨벙첨벙 튀기다

under cover of ~으로 몸을 가리고/숨기고

lily pad (물 위에 뜨는) 수련의 잎

❶ We're doomed!
우린 끝장이야!
doom은 '죽음, 파멸'이라는 뜻의 명사, 또는 '불행한 운명을 맞게 하다'라는 뜻의 동사로 쓰이는 단어인데, 이것이 〈주어 + be동사 + doomed〉 조합의 문장으로 쓰이면 '우린 이제 끝장이다', '우린 망했다'라는 뜻이 된답니다.

Mulan freezes.

물란이 얼어붙는다.

MULAN (smiling; **feigning** surprise) Oh – hi, guys. I didn't know you were here.

물란 (미소 지으며; 놀란 척한다) 오 – 안녕, 친구들. 너희들이 온 줄 몰랐네.

They look at each other, confused.

그들이 혼란스러워하며 서로를 쳐다본다.

MULAN I was, just, washing, so now I'm clean, and I'm going to go... bye-bye.

물란 난 그냥, 씻고 있었어. 그래서 이젠 깨끗해졌으니, 난 갈게… 안녕-잘 가.

She ducks behind a rock. Ling **backstrokes** towards her, a lotus lily pad **strategically** placed.

그녀가 바위 뒤로 몸을 숙여 숨는다. 링이 배영으로 그녀에게 다가가는데 연꽃잎이 전략적으로 놓여있다.

LING Come back here! (swimming to her) I know we were jerks to you before, so... let's **start over**. (holding out his hand; assuming a **persona**) Hi, I'm Ling.

링 이리 돌아와! (그녀 쪽으로 수영을 하며) 우리가 너한테 좀 재수 없게 굴었던 것 알아. 그러니까… 다시 시작해 보자고. (손을 내밀며; 평소와는 다르게 공손한 체하며) 안녕, 난 링이라고 해.

Mulan quickly shakes his hand.

물란이 재빠르게 그와 악수한다.

MULAN (nervously) Heh.

물란 (초조하게) 헤.

Before she can get away, Chien Po appears beside her.

그녀가 그 상황을 벗어나기도 전에 치엔포가 그녀 옆에 나타난다.

CHIEN PO (smiling) And I'm Chien Po.

치엔포 (미소 지으며) 그리고 난 치엔포라고 해.

MULAN (fake smile) Hello, Chien Po...

물란 (가짜 미소) 안녕, 치엔포…

A pair of naked legs climb onto a rock in front of them.

그들 앞으로 맨다리가 바위 위로 오른다.

YAO (O.S.) And I... am Yao!

야오 (화면 밖) 그리고 나는… 야오라고 하지!

Mulan turns around to see Yao. Horrified, she covers her eyes.

물란이 야오를 보려고 돌아선다. 기겁하며 그녀가 자신의 눈을 가린다.

YAO King of the Rock! (teasing) And **there's nothing you girls can do about it!**[1]

야오 난 바위의 왕이다! (놀리며) 여자 같은 너희들은 덤벼봐야 소용없지!

---

feign (감정, 질병 등을) 가장하다

backstroke 배영, 배영을 하다

strategically 전략적으로

start over (처음부터) 다시 시작하다

persona (자신의 실제 성격과는 다른) 모습

tease (악의 없이) 놀리다, 괴롭히다

[1] **There's nothing you girls can do about it!**
그것에 대해서 너희 여자들이 할 수 있는 것은 아무것도 없어!
상대방에게 조롱하듯이 말하거나 포기하기를 종용하는 말투로 '네가 어찌해 봐도 소용없어!'라는 뜻으로 쓰는 표현이에요. 일반적으로는 There's nothing you can do about it! 이렇게 씁니다.

LING Oh yeah? Well, I think Ping and I can take you.

링 오 그래? 글쎄, 네놈쯤은 핑하고 내가 충분히 상대할 수 있을 것 같은데.

Mulan starts to swim off.

뮬란이 수영하며 도망치기 시작한다.

MULAN I really don't want to take him anywhere.

뮬란 나는 정말이지 그와 더는 상대하고 싶지 않은데.

LING Ping — We have to fight!

링 핑 – 우린 싸워야 해!

MULAN No, we don't. We could just, close our eyes… (**miming** swimming) — and swim around…

뮬란 아니, 그렇지 않아. 우린 그냥, 우리 눈을 감고… (수영하는 몸짓을 하며) – 그리고 수영하며…

Ling grabs her arm.

링이 그녀의 팔을 잡는다.

LING C'mon, don't be such a gir— (grabbing his **butt**) OUCH! Something **bit** me!

링 왜 이래, 여자처럼 그러지 좀 마— (자기 엉덩이를 잡으며) 아야! 뭔가가 나를 물었어!

CLOSE-UP of Mushu, making a **disgusted** face behind Ling.

클로즈업된 무슈의 얼굴이 링 뒤에서 역겨운 표정을 하고 있다.

MUSHU Uggh, what a **nasty flavor**!

무슈 우웩, 끔찍한 맛이네!

Ling turns and sees him.

링이 돌아서서 그를 본다.

LING Snake! (running towards the men) Ahhhh!

링 뱀이다! (남자들 쪽으로 달려가며) 아아야!

Chien Po and Yao react, quickly hopping onto a rock.

치엔포와 야오가 잽싸게 바위 위로 뛰어오른다.

CHIEN PO/YAO Aaaah! Snake! Snake!!!

치엔포/야오 아아야! 뱀이다! 뱀이야!!!

---

mime 무언극, (말없이) 몸짓으로 표현하다

butt 엉덩이

bite 물다 (bite–bit)

disgusted 역겨워하는, 혐오감을 느끼는

nasty 끔찍한, 형편없는

flavor 풍미, 향미, 맛

Li Shang Vs. Chi Fu

리샹 대 치푸

🎧 18.mp3

Mulan WHISTLES for Khan. As the Gang of Three **peer** nervously into the water, Mulan gets out of the lake using Khan as a **shield**. Mushu rides on Khan's tail. The Gang of Three remain **huddled** on the rock.

LING   (to Yao) **Some king of the rock.** ❶

Yao **shoves** Ling into the water. Mulan starts putting on her clothes.

MULAN   Boy, **that was close.** ❷

MUSHU   (brushing his teeth) No, that was **vile**! You owe me big!

Squirting more toothpaste on his brush, he continues SCRUBBING.

MULAN   I never want to see a naked man again.

The rest of the troops run by naked and jump into the lake.

SOLDIERS (O.S.) (yelling) Yaaaaaaahhhh!!!!

MUSHU   Don't look at me. I ain't biting no more butts.

EXT. CHI FU'S TENT – MOMENTS LATER
Chi Fu **smugly scolds** Shang as Mulan, Mushu, Khan and Cri-Kee approach.

뮬란이 칸을 부르려고 휘파람을 분다. 삼총사가 불안해하며 물속을 들여다보는 동안 뮬란이 칸을 방패 삼아 호수 밖으로 나온다. 무슈가 칸의 꼬리에 올라탄다. 삼총사가 바위 위에 계속 옹송그리며 모여 있다.

링 (야오에게) 무슨 바위의 왕이 이러냐.

야오가 링을 밀쳐 물에 빠뜨린다. 뮬란이 옷을 입기 시작한다.

뮬란 맙소사, 하마터면 들킬 뻔했네.

무슈 (양치질하며) 아니, 극도로 불쾌한 경험이었어! 너 나한테 엄청 크게 빚진 거다!

무슈가 칫솔에 치약을 더 찍찍 짜면서 계속해서 양치질한다.

뮬란 난 절대 다시는 벌거벗은 남자를 보고 싶지 않아.

나머지 병사들이 벌거벗은 채 호수로 뛰어온다.

병사들 (화면 밖) (소리 지르며) 야아아아아!!!!

무슈 날 쳐다보지 마. 난 다시는 엉덩이 깨물 생각 없으니까.

외부. 치푸의 막사 – 잠시 후
치푸가 의기양양해하며 샹을 꾸짖고 있는데 뮬란, 무슈, 칸, 그리고 크리키가 다가간다.

---

peer 응시하다, 주의해서 보다

shield 방패

huddle 옹송그리며 모이다

shove 밀치다, 떠밀다

vile 비도덕적인, 극도로 불쾌한

squirt 찍 짜다/뿌리다/쏘다

smugly 잘난 체하며, 자부심 강하게

scold 야단치다, 꾸짖다

❶ **Some king of the rock.**
무슨 바위의 왕이 이래.
긍정적으로 표현할 때도 쓰지만, 반대로 반어적으로 부정적으로 말할 때도 명사 앞에 some을 넣어서 표현합니다.

❷ **That was close.** 큰일 날 뻔했다.
close는 '거의/곧 ~할 것 같은'이라는 의미의 형용사예요. 위의 문장은 어떤 일이 '거의 일어날 뻔했다'고 할 때 쓸 수 있는 표현이에요.

CHI FU   (O.S.) You think your troops are ready to fight? Hah! They would not **last** a minute **against** the Huns!

치푸 (화면 밖) 자네가 보기엔 자네의 병사들이 싸울 준비가 된 것 같나? 해! 쟤들은 훈족을 만나면 단 1분도 못 버틸 거야!

INSIDE THE TENT
Chi Fu paces as Shang sits silently, trying to **compose himself**.

막사 안
치푸가 서성거리고 상이 평정을 유지하려고 애쓰며 말없이 앉아있다.

SHANG   They completed their training.

상 그들은 훈련을 모두 완수했소.

CHI FU   Those boys are no more fit to be soldiers than you are to be captain. Once the general reads my report, your troops will never see **battle**.

치푸 자네가 대장으로 적합하지 않은 것만큼이나 저들도 병사로 전혀 적합하지 않아. 장군님이 내 보고서를 읽게 되면 절대 자네의 병사들은 전투할 일이 없을 걸세.

OUTSIDE THE TENT
Mushu reacts, worried.

막사 밖
무슈가 걱정된 반응을 보인다.

MUSHU   (to Cri-Kee) Oh, no, you don't! I've worked too hard to get Mulan into this war! This guy's **messing with** my plans!

무슈 (귀뚜라미에게) 오, 안 돼, 그러지 마! 내가 뮬란을 이 전쟁에 끌어들이기 위해 얼마나 고생했는데! 이 녀석이 내 계획을 방해하고 있네!

Shang grabbing onto the front of Chi Fu's clip board.

상이 치푸의 보고서 판 앞을 잡는다.

SHANG   We're not finished!

상 우리 아직 얘기가 안 끝났소!

CHI FU   (taking his hand off his board) Be careful, Captain. The General may be your father, but I am the Emperor's **counsel**. (smugly) And, oh, by the way, I got that job **on my own**.

치푸 (상의 손을 치우며) 조심해, 대장. 장군님이 자네 아버지일지는 몰라도, 난 황제의 보좌관이야. (잘난 체하며) 그리고, 오, 그런데 말이지, 난 내 힘으로 그 직책에 올랐다네.

Chi Fu **haughtily moves towards** the **entrance** and open it.

치푸가 오만한 자세로 입구 쪽으로 이동하고 (나가라며) 입구를 연다.

CHI FU   You're **dismissed**.

치푸 이제 가봐도 되네.

---

last 계속하다, 지속하다, 견디다

against ~에 맞서

compose oneself 심란한 마음을 가라앉히다

battle 전투, 투쟁

mess with ~을 방해하다, ~에 얽혀 들다

counsel 고문, 자문위원, 변호인

on one's own 혼자, 혼자 힘으로

haughtily 건방지게, 오만하게

entrance 입구

move towards …쪽으로 가다

dismiss (사람을) 물러가게 하다, 해산시키다

As Shang **storms out** of the tent… Shang passes Mulan.

MULAN   (manly; **awkward**) Hey, I'll hold him, and you punch, heh, heh… Or not.

Shang **gives** her a **harsh glance**. Shang continues to walk off.

MULAN   **For what it's worth,**[1] I think you're a great captain!

Shang pauses to glance back, then continues forward. Mushu looks up at Mulan, watching her stare after him.

MUSHU   (not liking it) I saw that.

MULAN   Saw what?

MUSHU   That. You like him, don't you.

MULAN   (defensively) What? No… I… uh…

MUSHU   Yeah, right, sure. GO TO YOUR TENT!

Mulan walks off as Mushu turns to Cri-Kee.

MUSHU   I think it's time we **took** this war **into our own hands**.

EXT. CHI FU'S TENT – MOMENTS LATER
As Chi Fu exits with a bath brush, towel and soap, Mushu and Cri-Kee sneak inside.

INT. CHI FU'S TENT
CLOSE ON a picture of Chi Fu in a **cheesy** pose with the Emperor. Mushu, staring at the picture **in disbelief** and Cri-Kee writing on a piece of paper. Cri-Kee CHIRPS, "I'm done!" and points proudly at the note.

상이 분개하며 막사를 나간다… 상이 뮬란 옆을 지난다.

뮬란   (남성스럽게; 어색하다) 이봐요, 내가 저 사람을 잡을 테니, 대장이 펀치를 한 방 날려요, 헤헤… 아니면 말고.

상이 그녀를 따가운 눈초리로 본다. 상이 계속 가던 길을 가며 멀어진다.

뮬란   뭐 이 말이 도움이 될지는 모르겠지만, 내 생각에 당신은 훌륭한 대장이에요!

상이 잠시 멈춰 뒤를 흘끗 보다가, 가던 길을 간다. 무슈가 뮬란을 올려다보니 그녀가 그의 뒤를 계속 바라보고 있다.

무슈   (못마땅해하며) 다 봤어.

뮬란   뭘 봤는데?

무슈   그거지. 너 대장을 좋아하는구나. 그지.

뮬란   (방어적으로) 뭐라고? 아냐… 난… 어…

무슈   그래. 그래. 알았다고. 네 막사에 가 있어!

뮬란이 걸어 나가자 무슈가 크리키를 돌아본다.

무슈   아무래도 이 전쟁 건은 우리가 직접 처리할 때가 온 것 같구나.

외부. 치푸의 막사 – 잠시 후
치푸가 목욕 솔, 수건과 비누를 갖고 나가고 무슈와 크리키가 몰래 안으로 들어온다.

내부. 치푸의 막사
황제와 함께 유치한 포즈를 한 치푸의 그림이 클로즈업된다. 어이없다는 듯이 그림을 바라보는 무슈와 종이에 뭔가를 쓰고 있는 크리키의 모습이 나온다. 크리키가 "이제 모두 완성했어!"라는 의미로 찍찍거리며 뿌듯한 표정으로 노트를 가리킨다.

---

storm out (성내며) 뛰어나가다

awkward 어색한

gives a glance ~을 흘긋 보다

harsh 가혹한, 냉혹한

defensively 방어적으로, 수동적으로

take something into one's own hands ~을 직접 처리하다

cheesy 싸구려의, 저급한, 가식적인, 유치한

in disbelief 불신하는, 믿지 않는

[1] **For what it's worth…**
그냥 내 생각일 뿐이지만…
직역하면 '그것이 가치가 있는 것에 대해서'입니다. 즉 '어떤 정보(소식)이 조금이라도 가치가 있다면(가치가 얼마이든 간에), 그것을 위해 알려 주겠다'라고 해석할 수 있어요. That's my opinion, for what it's worth. '그게 내 의견이야, 도움이 될 지 모르겠지만.' 이렇게 쓰여요.

MUSHU   (reading) Okay, lemme see what you've got. From General Li... "Dear Son— We're waiting for the Huns at the pass. It would mean a lot if you'd come and **back** us **up**." (**nicely**) Hmm, that's great, except you forgot, "and since we**'re out of potpourri**, perhaps you wouldn't mind bringing up some." (as Mushu) Hello! This is the army! Make it sound more **urgent**, please. You know what I'm talking about?

Cri-Kee **salutes** and starts **rewriting**.

MUSHU   (**looking over** his **shoulder**; excited) That's better! Much better! Let's go.

Mushu grabs the notice and runs out.

<u>무슈</u> (읽는다) 어디 보자. 리 장군 보냄… "사랑하는 아들아— 우리는 관문에서 훈족을 기다리고 있다. 네가 와서 우리를 도와주면 정말 고마울 것 같구나." (상냥하게) 흠. 잘 썼네. 그런데 한 가지 깜박한 게 있는 것 같은데. "그리고 포푸리 방향제를 다 써버렸는데, 올라올 때 좀 가져다줄 수 있을까." (원래 무슈 말투로) 이봐! 여긴 군대라고! 더 급박한 말투로 써야 해. 무슨 말인지 알아?

크리키가 거수경례를 하고 다시 쓰기 시작한다.

<u>무슈</u> (어깨너머로 보며; 흥분해서) 그게 더 났네! 훨씬 나아! 이제 가자.

무슈가 전갈을 집어 들고 뛰어나간다.

---

be someone up ~을 도와주다, 지지하다

nicely 친절/다정하게

be out of ~을 다 써서 없다, ~이 바닥나다

potpourri 포푸리 (말린 꽃, 나뭇잎을 섞은 방향제)

urgent 긴급한, 시급한

salute 경례를 하다, 절하다, 거수경례

rewrite 다시 고쳐 쓰다

look over one's shoulder 어깨너머로 보다

Disney
MULAN

Urgent News From the General

장군으로부터 온 급보

🎧 19.mp3

AT THE **WATER TROUGH**
Khan takes a leisurely drink; then stops, turning to see Mushu on his back.

여물통에서
칸이 한가롭게 물을 마시다가 멈춰서 그의 등에 올라있는 무슈를 보려고 고개를 돌린다.

MUSHU　(smiling) Khanny, baby... hey, we need a ride!

무슈 (미소 지으며) 카니. 우리 자기⋯ 이봐. 우리 좀 태워줘라!

Khan spits a huge stream of water at him, knocking him to the ground.

칸이 무슈에게 엄청난 양의 물줄기를 내뱉어 그를 땅에 고꾸라뜨린다.

EXT. WOODS – A LITTLE LATER
Chi Fu, dressed in a towel, angrily heads back towards his tent, holding a shoe.

외부. 수풀 – 잠시 후
수건을 옷처럼 두른 치푸가 화난 얼굴로 신발 한 짝을 들고 그의 막사 쪽으로 향해 간다.

CHI FU　(mumbling) **Insubordinate ruffians**. (yelling towards lake) You men owe me a new pair of slippers. And I do not squeal like a girl!

치푸 (웅얼거리며) 말도 지지리도 안 듣는 깡패 같은 놈들. (호수를 향해 소리치며) 너희들 내 슬리퍼 나중에 새 걸로 바꿔줘야 해. 그리고 난 여자처럼 까악 비명 지르지 않는다고!

A panda appears, takes the slipper out of Chi Fu's hand and **nonchalantly** chews it.

판다가 나타나서 치푸의 손에서 슬리퍼를 뺐더니 천연덕스럽게 그것을 씹는다.

CHI FU　(SQUEALS LIKE A GIRL) Ahhh!

치푸 (여자처럼 까악 비명을 지른다) 으액!

Riding on the panda is a soldier "puppet" **constructed** of real armor, controlled by Mushu. Cri-Kee holds a **megaphone** to Mushu's mouth.

판다 위에 무슈가 조종하는 진짜 갑옷으로 만든 꼭두각시 병사가 타고 있다. 크리키가 무슈의 입에 확성기를 대고 있다.

바로 이장면!﹡

MUSHU　(lowering voice) Urgent news from the General! (**off** Chi Fu's shocked **look**) **What's the matter?**❶ You've never seen a **black and white** before?

무슈 (목소리를 깔고) 장군으로부터 전갈이 왔다! (치푸의 깜짝 놀란 표정을 보며) 왜 그러나? 흑백 곰을 처음 보나?

---

water trough 여물통, 수조

insubordinate 반항하는, 순종하지 않는

ruffian 깡패, 악당

nonchalantly 태연하게, 천연덕스럽게

construct 건설하다, 구성하다

megaphone 메가폰, 확성기

off someone's look ~의 표정을 보고 그에 대한 반응으로

black and white 흑백의 (판다 곰을 지칭)

> ❶ **What's the matter?**
> 왜 그러니?
> 상대방의 행동이나 현재 벌어지고 상황이 평상시와 다르거나 뭔가 문제가 있어 보일 때 '무슨 일이니?', '왜 그러니?', '괜찮아?'와 같은 뜻으로 쓰는 표현이에요.

The puppet shakily extends its arm which holds a scroll. Chi Fu takes the note, looks at the panda, then back at the puppet.

CHI FU   (suspiciously) Who are you?

MUSHU   (indignant) Excuse me?! I think the question is, "who are you?" We're in a war, man! **There's no time for stupid questions!**❶ I should have your hat for that— **snatch** it right off your head! But I'm feeling **gracious** today, so carry on before I report you!

Mushu rides off as Chi Fu reads the notice. In the background, Mushu tries **vainly** to **steer** the panda as it climbs up a tree. Chi Fu reacts to the note, then looks back, only Mushu and the panda are gone.

INT. SHANG'S TENT – MOMENTS LATER
Shang starts to **hang up** his armor, Chi Fu bursts into the tent, holding up the notice.

CHI FU   Captain! Urgent news from the General! We're needed at **the front**!

OUTSIDE THE TENT IN A TREE
Mushu looks to Cri-Kee and smiles.

MUSHU   (cocky) Pack your bags, Cri-Kee, we're moving out!

꼭두각시가 두루마리를 든 팔을 불안정하게 뻗는다. 치푸가 메모를 하며 판다를 보고 그다음에 꼭두각시를 본다.

치푸 (의심스러운 눈초리로) 넌 누구냐?

무슈 (분개하며) 여보세요?! 지금 그 질문은 "넌 누구냐?" 인 것 같은데. 우리는 지금 전쟁 중이라고, 이 사람아! 바보 같은 질문을 할 시간이 없단 말이야! 그런 질문을 한다니 네 모자를 가져가야만 하는 상황이야 – 머리에서 홱 잡아 빼서! 하지만 오늘은 너그럽게 봐줄 테니 너를 신고하기 전에 가던 길을 가라!

무슈가 떠나는 사이 치푸가 전갈을 읽는다. 뒤로 판다가 나무를 오르고 무슈가 판다를 조종하려고 애쓰지만, 소용이 없다. 치푸가 전갈을 읽으며 반응을 보이다가 뒤를 돌아보지만 무슈와 판다는 이미 사라지고 없다.

내부. 샹의 막사 – 잠시 후
샹이 갑옷을 옷걸이에 걸어놓으려고 하는데 치푸가 전갈을 높이 들고 막사로 불쑥 들어온다.

치푸 대장! 장군님으로부터 온 전갈이요! 전방에서 우리의 도움을 필요로 하고 있소!

막사 밖 나무 속
무슈가 크리키를 보며 미소 짓는다.

무슈 (거만하게) 짐 싸라, 크리키. 우리 이동한다!

EXT. HIGH MOUNTAINS
Shang and his troop are marching through the mountains.

SOLDIERS (singing) FOR A LONG TIME
WE'VE BEEN MARCHING OFF TO BATTLE

외부. 높은 산
상과 그의 부대가 산속을 행군하고 있다.

병사들 (노래) 오랫동안
우리는 전쟁터에서 싸우러 행군을 했네

---

indignant 분개한

snatch 와락 붙잡다, 잡아채다

gracious 자애로운, 우아한, 상냥한

vainly 헛되이, 무익하게, 보람없이

steer 몰다/조종하다, (특정 방향으로) 움직이다

hang up (그림, 옷 등을) 걸다

the front 최전선

cocky 자만심에 찬, 시건방진

❶ **There's no time for stupid questions!**
바보 같은 질문을 할 시간이 없어!
There's no time for ~는 '~할 시간이 없다'는 뜻으로 유용하게 쓸 수 있는 패턴식 표현이에요. 예를 들어, There's no time for crying. '울고 있을 시간이 없어' 또는 There's no time for delay. '미룰 시간이 없어' 이런 식으로 쓰인답니다.

YAO	IN OUR THUNDERING **HERD**, WE FEEL A LOT LIKE **CATTLE**	**야오** 떼로 모여 우렛소리로 행군하니, 소 떼가 된 것 같네
SOLDIERS	LIKE THE **POUNDING BEAT** OUR **ACHING** FEET AREN'T EASY TO **IGNORE**	**병사들** 쿵쿵거리는 북소리처럼 우리의 아픈 다리도 그냥 무시하기는 쉽지 않지
LING	HEY! THINK OF INSTEAD A GIRL **WORTH** FIGHTING FOR	**링** 이봐! 그런 것 대신에 생각해 봐 목숨 걸고 싸울만한 여자를
MULAN	HUH?	**뮬란** 엥?
LING	THAT'S WHAT I SAID A GIRL WORTH FIGHTING FOR I WANT HER PALER THAN THE MOON WITH EYES THAT SHINE LIKE STARS	**링** 그래 맞아 목숨 걸고 싸울만한 여자 난 달보다도 더 창백한 여자를 원해 별처럼 빛나는 눈을 가진
YAO	MY GIRL WILL **MARVEL AT** MY STRENGTH ADORE MY BATTLE **SCARS**	**야오** 내 여자는 내 힘을 경이로워할 거야 내 전쟁 상처들을 흠모할 거고
CHIEN PO	I **COULDN'T CARE LESS** WHAT SHE'LL WEAR OR WHAT SHE LOOKS LIKE IT ALL **DEPENDS ON** WHAT SHE COOKS LIKE BEEF, PORK, CHICKEN, MMM…	**치엔포** 난 그녀가 무엇을 입든 전혀 신경 안 쓰지 어떻게 생겼는지도 신경 안 써 모든 것은 그녀가 무엇을 요리하느냐에 달렸지 소고기, 돼지고기, 닭고기, 음…
YAO	BET THE **LOCAL** GIRLS THOUGHT YOU WERE **QUITE THE CHARMER**	**야오** 동네 여자들이 분명 생각했을 거야 네 놈이 꽤 매력적이라고
LING	AND I BET THE LADIES LOVE A MAN IN ARMOR	**링** 그리고 여자들은 분명 갑옷을 입은 남자를 좋아하고 말고
SOLDIERS	YOU CAN GUESS WHAT WE HAVE MISSED THE MOST SINCE WE WENT OFF TO WAR	**병사들** 우리가 가장 그리워한 것이 무엇인지 맞힐 수 있어 전쟁터로 떠난 이후로
LING	WHAT DO WE WANT?	**링** 우리가 뭘 원하지?
SOLDIERS	A GIRL WORTH FIGHTING FOR	**병사들** 목숨 걸고 싸울만한 여자

---

herd 떼/무리	scar 흉터, 상처
cattle (집합적으로) 소	couldn't care less 신경 안 쓰다
pound (요란한 소리로) 치다/두드리다	depend on ~에 의존하다, ~에 달려있다
beat (북 등의) 울림, 고동, 맥박	local 지역의, 현지의
ache 아프다	quite a/the something 상당한/대단한 ~
ignore 무시하다, 못 본 척하다	charmer 매력 있는 사람
worth ~할 가치가 있는	
marvel at ~에 놀라다/경탄하다	

YAO MY GIRL WILL THINK I HAVE NO **FAULTS**

야오 내 여자는 내게 흠이 하나도 없다고 생각할 거야

CHIEN PO THAT I'M A **MAJOR FIND**

치엔포 나를 숨겨진 보석이라고 생각할 거야

MULAN UH, HOW 'BOUT A GIRL WHO'S **GOT A BRAIN** WHO ALWAYS **SPEAKS** HER **MIND**?

뮬란 어, 똑똑한 여자는 어때 항상 자기 생각을 시원하게 털어놓는 그런 여자?

YAO/LING/CHIEN PO NAH!

야오/링/치엔포 싫어!

LING MY MANLY WAYS AND **TURN OF PHRASE** ARE **SURE** TO **THRILL** HER

링 나의 남자다운 방식들과 표현 방식이 확실히 그녀를 흥분하게 만들 거야

YAO HE THINKS HE'S SUCH A **LADY-KILLER**!

야오 쟤는 자기가 여자들한테 인기가 엄청 많은 줄 알아!

CHI FU I HAVE A GIRL BACK HOME WHO'S **UNLIKE** ANY OTHER

치푸 난 고향에 여자가 있지 다른 여자들과는 다른 그런 여자

YAO YEAH, THE ONLY GIRL WHO'D LOVE HIM IS HIS MOTHER

야오 퍽이나, 그를 사랑할만한 여자는 그의 엄마 밖에 없어

SOLDIERS BUT WHEN WE COME HOME **IN VICTORY** THEY'LL **LINE UP** AT THE DOOR

병사들 하지만 우리가 승리하고 귀향할 때는 여자들이 문 앞에 줄을 설 거야

LING WHAT DO WE WANT?

링 우리가 무엇을 원하지?

SOLDIERS A GIRL WORTH FIGHTING FOR

병사들 목숨 걸고 싸울만한 여자

LING WISH THAT I HAD

링 있었으면 좋겠네

SOLDIERS A GIRL WORTH FIGHTING FOR A GIRL WORTH **FIGHTING**–

병사들 목숨 걸고 싸울만한 여자 목숨 걸고 싸울만한 여자–

---

fault 잘못, 흠, 결함

major find 중요한/중대한 발견(물)

have (got) a brain 머리가 있다/좋다

speak one's mind 속내를 털어놓다

turn of phrase 표현 방식

sure 확실히/틀림없이 ~을 받을/할

thrill 황홀감, 흥분, 설렘

lady-killer 〈비격식〉 호색한, 여자들이 반할만한 남자

unlike ~와 다른, ~와 달리

in victory 승리로, 승리하고

line up 줄을 서다/이루다

The Only Hope for the Emperor

황제에게 남은 유일한 희망

🎧 20.mp3

EXT. BURNED OUT VILLAGE
The men slowly enter the **smoky remains** of a burned out village. The soldiers look around in the silence.

외부. 불타버린 마을
병사들이 불타버린 마을의 연기 나는 잔해들 속으로 들어간다. 병사들이 적막 속에 주변을 둘러본다.

SHANG (solemnly) Search for survivors.

상 (엄숙하게) 생존자가 있는지 찾아보아라.

They make their way among the **ruins**. Shang enters a **charred** home, narrowly escaping a falling **beam**. Yao and Ling look into a wagon, then **turn away** sadly. Mulan walks slowly through the village, then stops as she sees a doll, laying on the ground. It is the same doll Shan-Yu held. She picks it up and lowers her head, **filled with grief**. Shang **dismounts** his horse and approaches her.

그들이 폐허 속으로 들어간다. 상이 떨어져 내리는 기둥을 간신히 피하며 새까맣게 타버린 집으로 들어간다. 야오와 링이 우마차를 들여다보고 애석해하며 고개를 돌린다. 뮬란이 천천히 마을을 돌다가 땅에 떨어져 있는 인형을 보고 멈춘다. 샨유가 들고 있었던 바로 그 인형이다. 그녀가 인형을 집어들고 비통해하며 고개를 떨군다. 상이 말에서 내려 그녀에게 다가온다.

SHANG I don't understand... My father should have been here.

상 이해가 안 되는군… 아버지께서 분명 이곳에 계셨을 텐데.

CHI FU (O.S.) Captain!

치푸 (화면 밖) 대장!

Shang turns to see Chi Fu, standing on the **bluff**. Shang goes to him; looks down to see, the **mass destruction** of the ARMY. SHANG, in shock, Chien Po comes up the hill, holding a **military helmet**.

상이 절벽에 서 있는 치푸를 보려고 돌아선다. 상이 그에게 다가가 내려다보니 군대가 대량학살 당한 모습이 보인다. 상이 충격에 빠진 가운데 치엔포가 투구 하나를 들고 언덕 위로 올라온다.

CHIEN PO (saddened) The General...

치엔포 (슬픈 얼굴로) 장군님께서…

Shang slowly takes his father's helmet and turns away. As the rest of the troops gather along the bluff, Mulan sees Shang walk off and **ceremoniously plant** his sword. He **takes a moment**, putting his father's helmet on top in **tribute**. She goes to him.

상이 아버지의 투구를 천천히 받아 들고 돌아선다. 나머지 부대원들이 절벽 위로 모여들고, 상이 한쪽으로 걸어가서 예식에 따라 그의 검을 땅에 꽂는 모습을 뮬란이 본다. 그가 잠시 묵념하고 헌정으로 그의 아버지의 투구를 검 위에 씌운다. 그녀가 그에게 다가간다.

---

smoky 연기가 자욱한, 연기 냄새가 나는

remains 남은 것, 나머지, 유해, 유적

ruins 폐허, 유적

charred 새까맣게 탄, 숯이 된

beam 기둥, 빛줄기

turn away 물리치다, 외면하다

filled with grief 슬픔/비통함으로 가득 찬

dismount (말, 자전거에서) 내리다

bluff (폭이 넓은) 절벽, 깎아지른 곳

mass destruction 대량파괴

military helmet 투구

sadden 슬프게 하다 (sadden-saddened)

ceremoniously 예식/의식에 따라

plant 놓다, 두다, 심다

take a moment (생각, 묵상) 시간을 가지다

tribute (죽은 사람에게 바치는) 헌사/찬사

MULAN   I'm sorry.

Shang **gathers** his **composure**, rises, and mounts his horse.

SHANG   (to the men) The Huns are moving quickly.

He points towards the mountains.

SHANG   We'll **make** better **time** to the Imperial City through the Tung-Shao pass.

SHANG   We're the only hope for the Emperor now. Move out!

The men slowly follow, leaving Mulan alone. Before she joins them, she lays the doll beside the General's helmet.

EXT. TUNG-SHAO PASS – DAY
Mulan and the troops, **weary** and cold, march towards a mountain pass. **BAM!** A ROCKET **EXPLODES** from the **munitions** wagon. The troops stop and look up. Mulan turns and sees MUSHU AND THE CRICKET sitting in the wagon. Mushu points a finger at the cricket. Mulan gives Mushu a look as Shang rides over to her.

SHANG   What happened!?!

MULAN   Uh…

SHANG   (angrily) You just **gave away** our **position**–

THUNK! AN ARROW flies into Shang's armor, knocking him off his horse. From the mountain **crest**, **A HAIL OF FLAMING** ARROWS FIRE towards them. The men and Mulan look up in surprise. Shang pulls the arrow out of his armor.

SHANG   Get out of **range**!

묠란 유감이에요.

상이 평정을 되찾고 일어나 말에 올라탄다.

상 (병사들에게) 훈족이 빠른 속도로 이동하고 있다.

그가 산을 가리킨다.

상 텅샤오 관문을 통해 가면 황성에 더 빨리 도달할 수 있을 것이다.

상 이제 우리가 황제께 남은 유일한 희망이다. 어서 가자!

묠란만 남겨두고 병사들이 천천히 따른다. 묠란이 그들과 합류하기 전에 장군의 투구 옆에 인형을 놓는다.

외부. 텅샤오 관문 – 낮
지치고 추운 묠란과 병사들이 산길을 향해 행군한다. 펑! 군수품 마차에 있던 폭약 하나가 터진다. 병사들이 멈추어 서서 위를 올려다본다. 묠란이 돌아보니 무슈와 크리키가 마차에 앉아있다. 무슈가 한 손가락으로 귀뚜라미를 가리킨다. 묠란이 무슈를 째려보고 있는데 상이 그녀에게로 말을 타고 다가온다.

상 무슨 일이냐?!

묠란 어…

상 (화내며) 넌 지금 우리의 위치를 노출시킨 거야–

탁! 상의 갑옷에 화살 하나가 와서 박히고 그가 말에서 떨어진다. 산마루로부터 그들을 향해 불화살들이 빗발치며 날아온다. 병사들과 묠란이 깜짝 놀라 위를 올려다본다. 상이 그의 갑옷에서 화살을 빼낸다.

상 사정거리에서 벗어나라!

---

gather one's composure 마음을 가다듬고 평정을 되찾다

make good time (속도가) 빠르다, 빨리 가다

weary (몹시) 지친, 피곤한

bam 퍽, 탕, 쿵 소리

explode 터지다, 폭발하다

munitions 군수품, 탄약들

give away one's position ~의 위치를 노출시키다

thunk (둔탁한 소리) 푹, 탁

crest 산마루, 물마루

a hail of 빗발치는, 퍼붓는

flaming 불타는, 격렬한

range 범위, (총, 화살 등의) 사정거리

The soldiers start to run as HUNS, up in the mountains, **launch** HUNDREDS of arrows. Several HIT the munitions wagon, setting it on fire.

SHANG   Save the cannons!

The soldiers retrieve the cannons, heading for the rocks. Mulan starts to grab a cannon when 'THUNK THUNK THUNK!' a fresh **onslaught** of flaming arrows hit. **Attached to** the wagon, KHAN rears, WHINNIES. Mulan cuts him free and rides off just as BOOM! The wagon EXPLODES. Mulan and Khan are knocked to the ground.

MUSHU   Oh sure, save the horse.

Mulan grabs him and heads towards the troops, **positioned** behind the rocks. ON SHANG **directing** the men.

SHANG   Fire!

CLOSE ON a **fuse** being lit. BOOM! The troops continue firing, **dislodging** Huns from their sniper positions. **A row of** cannons are grabbed – revealing Chi Fu, **cowering** behind them. The next line of men quickly position their cannons. THE HUNS launch another onslaught of arrows as the troops duck.

SHANG   Fire!

THE TROOPS **set off** their cannons. BOOM! The mountain rocks from the explosion, sending Huns FLYING. Shang raises his hand.

SHANG   Hold the last cannon!

It's quiet as they look up towards the empty mountain. They **remain silent**, watching, **transfixed** as the last **wisps** of smoke clear from the mountain slope. Then, A LONE **HORSEMAN** appears, followed by a massive line of Huns **stretching out along the horizon**. The faces of the men drop. They're doomed. Shang turns to his men.

SHANG   Prepare to fight. If we die, we die with honor.

산 위에서 훈족이 수백 개의 화살을 발사하고, 병사들이 도망치기 시작한다. 화살 여러 개가 군수품 마차에 맞아 거기서 불이 난다.

샹   대포를 지켜라!

병사들이 대포들을 거두어서 바위 쪽으로 향한다. '탁 퍽 퍽!' 하며 또다시 불화살 맹공격이 퍼붓는 가운데 뮬란이 대포 하나를 집어 들기 시작한다. 마차에 연결된 칸이 뒤로 뒷걸음치며 힝힝 운다. 뮬란이 끈을 풀고 그를 타고 출발하자 펑! 소리와 함께 마차가 폭발한다. 뮬란과 칸이 바닥에 쓰러진다.

무슈   오 그렇지. 말을 먼저 구해야겠지.

뮬란이 그를 잡고 바위 뒤에 있는 병사들에게로 향한다. 병사들을 지휘하고 있는 샹의 모습.

샹   발사!

도화선에 불이 붙는 모습이 클로즈업된다. 펑! 병사들이 계속 대포를 발사해서 훈족이 저격수 위치에서 벗어나게 한다. 일렬의 대포가 잡혀지자 그 뒤로 몸을 웅크리고 숨어있는 치푸의 모습이 보인다. 다음 열의 병사들이 재빨리 대포를 발사할 준비를 한다. 훈족이 또다시 화살 맹공격을 퍼붓고 병사들이 몸을 숙이며 피한다.

샹   발사!

병사들이 대포를 발사한다. 펑! 폭발로 인해 산이 요동치며 훈족 병사들이 날아간다. 샹이 그의 손을 든다.

샹   마지막 대포는 남겨 두어라!

병사들이 텅 빈 산을 올려다보니 조용하다. 산비탈에서 마지막 연기 한 줄기가 사라지는 것을 그들이 꼼짝하지 않고 말없이 바라본다. 그때, 한 명의 병사가 말을 타고 나타나는데, 능선을 따라 쭉 늘어선 엄청나게 많은 훈족 병사들이 그 뒤를 따른다. 병사들의 얼굴이 일그러진다. 이젠 정말 끝장이다. 샹이 병사들에게로 몸을 돌린다.

샹   싸울 준비를 하라. 우리는 죽더라도 명예롭게 죽을 것이다.

---

launch 시작하다. 발사되다

onslaught 맹공격. 맹습

attached to ~에 소속된/붙어있는/딸린

positioned 배치된

direct ~로 향하다/겨냥하다. 지휘하다

fuse 퓨즈, 도화선

dislodge 제자리를 벗어나게 만들다

a row of 일렬의

cower 몸을 숙이다/웅크리다

set off 출발하다. 터뜨리다. 유발하다

remain silent 침묵을 지키다

transfixed 꿰뚫은, 관통시킨

wisp 조각/가닥. (연기, 구름의) 줄기

horseman 기수

stretch out 펼쳐지다. (도로 등이) 뻗다

along the horizon 지평선을 따라

Aim the Cannon at Shan-Yu

대포를 샨유를 향해 조준하라

🎧 21.mp3

UP ON THE **MOUNTAIN TOP**
Shan-Yu lets out a **barbaric war cry** and **CHARGES** down the slope.

산꼭대기
샨유가 야만적인 함성을 지르며 돌격해 내려온다.

SHAN-YU Heeeiiahhh!!!

샨유 히이이야!!!

The **entire** group of Huns **GALLOP** towards them, swords raised.
Shang turns to Yao.

훈족 병사들이 한꺼번에 그들을 향해 검을 들고 질주해 온다. 상이 야오 쪽으로 몸을 돌린다.

바로 이 장면!*

SHANG Yao— **aim** the cannon at Shan-Yu!

상 야오— 대포를 샨유를 향해 조준하라!

As Yao **sets his sights**... MULAN **draws her sword** and looks down at her **blade**; a large snow hanging to the side of a cliff reflecting in it. Mulan pushes Yao aside and GRABS the cannon.

야오가 조준을 하는 동안… 뮬란이 그녀를 칼을 뽑아 칼날을 내려다본다; 절벽에 큰 눈 무더기가 있는 모습이 칼날에 비친다. 뮬란이 야오를 옆으로 밀치고 대포를 잡는다.

YAO Hey!

야오 이봐!

She runs towards.

그녀가 앞으로 달려 나간다.

SHANG Ping! Come back! Ping!

상 핑! 돌아와! 핑!

She moves forward then plants the cannon and aims it for the cliff with the snow **overhang**.

뮬란이 계속 나아가다 대포를 눈에 박아 넣고 그것을 절벽에 걸린 눈덩이를 향해 조준한다.

SHANG Stop!

상 멈춰!

MUSHU (panicked) Alright, you might want to **light** that thing right about now... quickly, quickly!

무슈 (당황하며) 그래, 바로 지금 대포에 불을 당겨야 해… 어서, 어서!

YAO C'mon, we've gotta help.

야오 가자, 우리가 도와야 해.

---

mountain top 산꼭대기

barbaric 야만적인, 미개인의

war cry (공격, 돌격) 함성/구호

charge 돌격/공격하다

entire 전체의

gallop 전속력으로 달리다

aim 조준/겨냥하다

set one's sights on something 목표로 삼다

draw one's sword 검을 뽑다

blade (칼, 도구 등의) 날

overhang 쑥 나오다, 돌출하다

light 불을 붙이다

Mulan starts to light the flint when BAM! The falcon KNOCKS it out of her hands. Mulan searches for the **flint** in the snow **in vain**. She sees Mushu, grabs him and stretches him causing him to light the fuse. Mushu lands on the cannon and the cannon fires off just above the charging Shan-Yu.

MUSHU   You missed! How could you miss! **He was three feet in front of you!**❶

뮬란이 부싯돌에 불을 붙이려는데 휙! 매가 그것을 떨어뜨린다. 뮬란이 눈 속에 파묻힌 부싯돌을 찾지만 허사다. 그녀가 무슈를 보고, 그를 집어 늘고 쭉 잡아당겨 불을 붙인다. 샨유가 도달하기 직전 무슈가 탄 대포가 발사된다.

무슈 못 맞췄어! 어떻게 못 맞출 수가 있냐! 그가 바로 코앞에 있었는데!

The cannon **lodges in** the snow and explodes causing the beginning of a large **avalanche**. Shan-Yu watches in horror as many of his troops begin to be **swallowed up** by the snow.

대포가 눈을 명중해서 폭발하고 엄청난 눈사태를 일으킨다. 산유가 놀란 채 그의 부대가 눈 속에 파묻히는 모습을 본다.

SHAN-YU   Yrrrrrrraah.

샨유 으아아아.

Shan-Yu swipes at Mulan with his sword. Mulan falls and barely escapes it.

산유는 뮬란에게 그의 칼을 휘두른다. 뮬란은 넘어져 간신히 공격을 피한다.

Shang looks with shock as hee sees the avalanche. Mulan grabs Shang and helping him run away from the avalanche. YAO, LING AND CHIEN PO continue charging towards the Huns.

샹이 눈사태를 놀란 눈으로 본다. 뮬란은 샹을 잡아채 눈사태로부터 도망가게 그를 돕는다. 야오, 링, 그리고 치엔포는 여전히 훈족을 향해 돌격한다.

YAO/LING/CHIEN PO   Yaahhhhh!!!

야오/링/치엔포 아아아아!!!

They stop, watching the avalanche bury the enemy. They start running in the opposite direction.

그들이 멈춰, 적들이 눈사태에 파묻히는 것을 본다. 그들이 반대 방향으로 달리기 시작한다.

YAO/LING/CHIEN PO   Agggghhh!!!

야오/링/치엔포 으아아악!!!

Khan jumps away and starts to run towards Mulan. The avalanche swallows up Shan-Yu. Mulan jumps onto Khan and she grabs his hand, they're **ripped apart** by the avalanche. Ling, Yao and Chien Po standing behind a rock. They see the snow approaching close and run to larger shelter where the rest of army is positioned. Mushu riding down the snow on a **shield**, searching.

칸이 펄쩍 뛰며 뮬란을 향해 달려간다. 눈사태가 샨유를 덮친다. 뮬란은 칸에 올라타고 샹의 손을 잡지만, 눈사태로 그들이 떨어진다. 링, 야오 그리고 치엔포는 바위 뒤에 서 있다. 그들이 눈사태가 몰려오는 것을 보고 뒤에 나머지 병사들이 숨어있는 더 큰 은신처로 달려간다. 무슈가 방패를 타고 눈길을 미끄러져 내려오며, 뮬란을 찾는다.

---

flint 부싯돌

in vain 헛되게

lodge in ~에 박히다

avalanche (눈/산) 사태

swallow up 집어삼키다

rip apart 산산조각을 내다

shield 방패

❶ **He was three feet in front of you!**
그가 바로 코 앞에 있었는데!
3피트는 약 91.44센티미터, 즉 1미터도 안 되는 매우 가까운 거리를 나타냅니다. 그래서 '바로 너 앞에' 흔히 쓰는 '바로 코 앞에'이라고 해석할 수 있어요.

MUSHU	Mulan! Mulan!	**무슈**	뮬란! 뮬란!

He sees some hair **sticking out of** the snow.

그가 눈 위로 튀어나온 머리카락을 본다.

MUSHU	Mulan?	**무슈**	뮬란?

He pulls the head up, **revealing** the scary face of a Hun.

그가 머리를 잡아당기자 훈족의 무서운 얼굴이 나타난다.

HUN	(angrily) Arrrr!	**훈족**	(성질을 내며) 으아!
MUSHU	(pushing his head back down) Nope.	**무슈**	(그의 머리를 다시 밀어 넣으며) 아니네.

He sees something else.

그가 뭔가 또 다른 것을 본다.

MUSHU	Mulan!	**무슈**	뮬란!

He pulls up the cricket.

그가 귀뚜라미를 끌어 올린다.

MUSHU	**Man, you are one lucky bug.** ❶	**무슈**	이야, 넌 진짜로 운 좋은 벌레로구나.

Khan and Mulan are **swept** under **by** the snow. She looks back and sees Shang **passed out**.

칸과 뮬란은 눈 속에서 허우적대고 있다. 그녀가 뒤를 보자 의식을 잃은 샹의 모습이 보인다.

MULAN	Shang, Shang!	**뮬란**	샹! 샹!

She rides up to him, LIFTS him onto the horse.

그녀가 그에게로 다가가, 그를 말 위로 들어 올린다.

---

stick out of ~의 밖으로 툭 튀어나오다
reveal 드러내다
sweep by ~에 휩쓸려
pass out 의식을 잃다

❶ **Man, you are one lucky bug.**
이야, 넌 정말 운이 좋은 벌레로구나.
구어체에서 one이 a, an을 대신해서 쓰이면서 뒤에 따라 오는 명사구를 강조해 줘요. 〈주어 + be동사 + one + 형용사 + 명사〉 조합으로 쓸 수 있는데, 이때 one은 '정말, 참, 대단히'와 같은 뜻이 된답니다. You are one brave kid. '넌 정말 용감한 아이로구나' 이런 식으로 쓸 수 있어요.

Disney
MULAN

The Bravest of All

가장 용감한 자

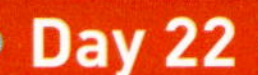

Chien Po with Ling standing on him and Yao standing on top of Ling.

CHIEN PO Do you see them?

YAO (pointing) Yes!

Yao aims and fires an arrow with a **rope attached**.

YAO Perfect! (**reaching for** the rope) Now I'll pull them to safe…

Yao **grasps at** air as the rope **completely** passed through his hands.

YAO ---ty.

MULAN and KHAN **struggles** up the mountain; SHANG **unconscious**. MUSHU AND THE CRICKET see them; **head over**.

MUSHU Mulan! I found a lucky cricket!

MULAN We need help.

Yao's arrow lands near by Mulan and she picks it up and starts to tie the rope to Khan.

MUSHU (to Cri-Kee) Ooo, nice, very nice! You can **sit by** me! (in horror) Ahhhhh! We're gonna die, we're gonna die! I think we're gonna die! **No way** we can survive this. Death is coming!

Mushu sees that they're about to fall over the **cliff**. She readies the arrow to shoot… they're sliding closer to the **edge**… THEY GO OVER! As they start to fall, Mulan SHOOTS the arrow upwards.

치엔포가 링을 올리고, 링 위로 맨 위에 야오가 서 있다.

치엔포 그들이 보이니?

야오 (손가락으로 가리키며) 보인다!

야오가 조준해서 밧줄이 묶인 화살을 쏜다.

야오 완벽해! (밧줄을 향해 손을 뻗으며) 이제 내가 그들을 잡아당기면 안전…

야오가 허공을 잡지만 밧줄은 완전히 그의 손에서 벗어난다.

야오 ——하게.

뮬란과 칸이 산을 힘겹게 오른다; 샹은 의식을 잃은 상태다. 무슈와 귀뚜라미가 그들을 보고; 그쪽으로 간다.

무슈 뮬란! 행운의 귀뚜라미를 찾았어!

뮬란 도움이 필요해.

야오가 화살이 뮬란 가까이 착지하고 뮬란은 그것을 잡아 칸을 밧줄로 묶기 시작한다.

무슈 (크리키에게) 오오, 잘됐네, 정말 잘 됐다고! 넌 내 옆에 앉아 있으면 돼! (놀라서) 아아아! 우린 죽을 거야, 우린 죽을 거라고! 내 생각에 우린 죽을 것 같아! 생존 가능성 제로야. 죽음이 다가오고 있다!

무슈는 그들이 막 벼랑에서 떨어지기 직전임을 본다. 그녀가 화살이 발사되게 준비하는데… 그들이 벼랑 끝으로 미끄러져 간다… 그들이 넘어간다! 그들이 떨어지려고 할 때, 뮬란이 위쪽으로 화살을 쏜다.

---

rope 밧줄, 로프, 밧줄로 단단히 묶다

attach 붙이다, 첨부하다

reach for 손을 뻗다

grasp at ~을 붙잡다

completely 완전히

struggle 힘겹게 나아가다, 고투하다

unconscious 의식을 잃은, 무의식적인

head over ~쪽으로 이동하다

sit by ~의 곁에 앉다

no way 절대로/결코 안 된다

cliff 절벽

edge 끝, 가장자리

YAO   (crying) I let them **slip through** my **fingers**!

야오 (울먹이며) 내 손가락 사이로 빠져나갔다고!

WHAP! The rope and arrow land in his hands. He grabs it, and is **yanked** towards the edge of the rock.

쉭! 밧줄과 화살이 그의 손에 착지한다. 그가 그것을 잡고, 바위 끝 쪽으로 홱 당겨진다.

YAO   Ahhh! Ahhh!

야오 아아! 아아!

THE TROOPS grab onto Yao, but the **momentum** pulls them forward.

병사들이 야오를 잡지만, 그들도 앞으로 끌려간다.

SOLDIERS (panicked; pulling) Uhh! Aughh! Whoa... Pull!

병사들 (당황하며; 잡아당긴다) 어어! 으의 워… 당겨!

Chien Po calmly approaches, picks them up in one huge group hug, and starts PULLING them back. Mulan, Mushu, Khan and Shang begin their **ascent**.

치엔포가 차분히 다가와서, 그들을 모두 한꺼번에 들어 올리며, 뒤로 끌어당기기 시작한다. 뮬란, 무슈, 칸, 그리고 샹도 올라오기 시작한다.

바로 이 장면!

MUSHU   (to Mulan) I knew we could do it. Well, sort of...

무슈 (뮬란에게) 난 우리가 할 수 있을 줄 알았어. 뭐, 그냥 조금…

He pops back into her **saddlebag**. THE TROOPS finally pull them to safety. They encircle Mulan and Shang, exhausted but **victorious**.

그가 뮬란의 안장 가방 안으로 쏙 들어간다. 병사들이 마침내 그들을 안전한 곳까지 잡아당긴다. 녹초가 되었지만, 승리를 기뻐하며 그들이 뮬란과 샹을 둘러싼다.

LING   Step back, guys. **Give them some air!** ❶

링 뒤로 물러서, 모두들. 숨 좀 쉬게 해 주자!

As they **back off**, Shang looks up at Mulan.

그들이 뒤로 물러서고 샹이 뮬란을 올려다본다.

SHANG   Ping... you are the craziest man I've ever met... and for that I **owe** you my life. From now on, you have my trust.

샹 핑… 너처럼 정신 나간 놈은 내 평생 처음 봤다… 그리고 덕분에 내 생명의 은인이 되었구나. 이제부터 나는 너를 믿는다.

LING   **Let's hear it for Ping** ❷ — The bravest of us all!

링 핑을 위해 만세를 부르자— 세상에서 가장 용감한 사나이!

YAO   (to Mulan) You're king of the mountain!

야오 (뮬란에게) 산의 왕은 너다!

CHIEN PO Yes, yes, yes!

치엔포 그럼 그렇고말고!

---

slip through one's fingers ~을 손에서 놓치다

yank 홱 잡아당기다

momentum 탄력, 가속도

ascent 오르막, 올라감, 상승

saddlebag 안장주머니

victorious 승리한, 승리를 거둔

back off 뒤로 물러나다, 뒷걸음치다

owe 빚지고 있다, 신세를 지고 있다

❶ **Give them some air!**
그들이 숨 좀 쉴 수 있게 해 줘!
자주 쓰이는 표현은 아니지만, 사람들이 둘러싸서 가운데 있는 사람이 숨도 못 쉴 정도로 답답한 상황에 유용하게 쓸 수 있어요.

❷ **Let's hear it for Ping!**
핑을 위해 환호성을 지르자!
공연/노래/연설 등을 시작 또는 마치고 난 후 '~을 위해 박수갈채 보내주세요!'라는 표현이에요. 〈Let's hear it for + 이름〉 형식으로 쓰인답니다.

MULAN	(**grabbing** her **side**) Uggh!	뮬란 (자신의 옆구리를 잡으며) 으읙
SHANG	Ping! What's wrong?	샹 핑! 왜 그래?
	He sees BLOOD on her side.	그가 그녀의 옆구리에 묻은 피를 본다.
SHANG	(calling to the men) He's **wounded**! Get help!	샹 (병사들을 향해 외친다) 그가 다쳤다! 의원을 불러!
	Mulan looks **groggily** at Shang – her **vision blurring**.	뮬란이 정신이 혼미해지며 샹을 본다 – 그녀의 시야가 흐려진다.
SHANG	Ping! **Hold on**… hold on…	샹 핑! 견뎌야 해… 견뎌줘…

Close on his mouth as it **goes out of focus**.　　　　그의 입이 클로즈업되다가 초점이 흐려진다.

---

grab 잡다
side 옆, 측면
wounded 부상을 입은, 다친
groggily 비틀거리면서, 그로기 상태가 되어
vision 시력, 눈, 시야
blur 흐릿해지다, 흐릿하게 만들다
hold on 견뎌내다, 참다, 계속 잡고 있다
go out of focus 초점에서 벗어나다

A Life for a Life

목숨에는 목숨으로

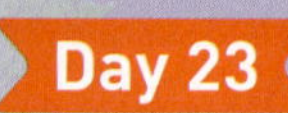

EXT. MEDIC'S TENT – LATER
Yao, Ling, and Chien Po sit in front of the tent as Shang **paces**, **awaiting** the Medic's **diagnosis**. Finally, the **Medic** exits the tent and tells him something. Shang, in shock, then enters the tent. The Gang of Three look at each other **apprehensively**.

INT. TENT
Mulan is lying down. She sits up allowing the blanket to fall and looks down to see **bandages wrapped around** her **torso**. She's been **discovered**. She **covers** herself.

MULAN   I can explain—

CHI FU bursts into the room. He looks at Mulan **in horror**.

CHI FU   So it's true!

Shang starts to leave.

MULAN   Shang!

EXT. TENT
The troops watch in shock as Chi Fu exits the tent holding Mulan.

外部. 의무병 막사 – 잠시 후
야오, 링, 그리고 치엔포가 막사 앞에 앉아있고 상이 의원의 진단을 기다리며 서성거린다. 마침내, 의원이 막사에서 나와 상에게 무언가를 말한다. 상이 놀라며, 막사로 들어간다. 삼총사가 걱정스러운 눈빛으로 서로를 바라본다.

内部. 막사
뮬란이 누워있다. 그녀가 앉으며 담요가 흘러 내리고, 자기 상체를 감싸고 있는 붕대를 본다. 그녀의 정체가 탄로 났다. 그녀가 자신의 몸을 가린다.

뮬란 어떻게 된 건지 해명할 수 있어요—

치푸가 막사에 돌이닥친다. 그가 경악하며 뮬란을 바라본다.

치푸 그게 사실이었군!

상이 밖으로 걸음을 옮긴다.

뮬란 샹!

外部. 막사
치푸가 뮬란을 잡고 막사를 나오는 모습을 병사들이 놀란 모습으로 바라본다.

바로 이장면!

CHI FU   (to Mulan) I knew there was something wrong with you! (to troops) A woman! **Treacherous** snake.

Chi Fu takes off Mulan's hair tie and throws her to the ground as the men **gape** in **utter** disbelief.

치푸 (뮬란에게) 네 놈이 뭔가 수상하다는 걸 내 진작부터 알고 있었지! (병사들에게) 여자였어! 음흉한 뱀 같은.

치푸가 그녀의 머리 끈을 풀고 바닥에 내동댕이친다. 병사들이 믿을 수 없다는 표정으로 헉 한다.

---

pace (초조해서) 서성거리다

await 기다리다

diagnosis 진단

medic 위생병, 간호병, 의무병

apprehensively 우려하여, 걱정하며

bandage 붕대, 붕대를 감다

wrapped around (띠, 수건 등을) 두르다/감다

torso 몸통

discover (정보를) 찾다/알아내다

cover 씌우다, 가리다, 덮다

in horror 두려움으로, 무서워서, 경악하며

treacherous 반역적인, 요망한, 음흉한

gape 입을 딱 벌리다

utter (탄식) 발언하다, 말하다

MULAN	(to Shang) My name is Mulan. I did it to save my father.	뮬란 (상에게) 내 이름은 뮬란이에요. 제 아버지를 구하기 위해서 그랬어요
CHI FU	(to the troops) **High treason!**	치푸 (병사들에게) 대역죄야!
MULAN	(to Shang) **I didn't mean for it to go this far.**[1]	뮬란 (상에게) 이렇게까지 할 의도는 아니었어요.
CHI FU	**Ultimate** dishonor!	치푸 최악의 불명예!
MULAN	It was the only way. Please believe me—	뮬란 이 방법밖에는 없었어요. 제발 제 말을 믿어주세요—
CHI FU	(to Shang) Captain…?	치푸 (상에게) 대장…?

Shang walks over to Khan and takes the sword out. Khan whinnies.

상이 칸에게 다가가 칼을 끄집어낸다. 칸이 히잉거린다.

CHI FU	(to the soldier) **Restrain** him!	치푸 (병사에게) 저 말을 제지하라!

Shang walks toward Mulan with sword in hand. The Gang of Three move to protect her, but Chi Fu **cuts** them **off**.

상이 손에 칼을 들고 뮬란에게 다가간다. 삼총사가 그녀를 지키려고 움직이지만, 치푸가 그들을 가로막는다.

CHI FU	You know the law!	치푸 법대로 해야 한다는 것을 알지 않느냐!

Mulan looks up to see SHANG, his sword drawn. MULAN awaits her **punishment**, staring at him. Then drops her head. Shang throws his sword in the snow, and turns away from her.

뮬란이 칼을 빼 들고 있는 상을 올려다본다. 뮬란이 그를 바라보며 처벌을 기다린다. 그러고는 고개를 떨군다. 상이 눈 위에 그의 칼을 던지고 그녀에게서 돌아선다.

SHANG	**A life for a life.**[2] (turning) My **debt** is repaid. (to soldiers) Move out!	상 목숨에는 목숨으로, (돌아서며) 내가 진 빚을 갚았다. (병사들에게) 가자!

CHI FU	But you can't just…	치푸 하지만 그렇게 하면 안 되는데…
SHANG	I said, "move out!"	상 "가자!"고 했잖소.

LATER THAT AFTERNOON
The cricket tossing twigs into the flame. Mulan huddles beside it as Khan covers her with a blanket. Mushu walks toward Mulan.

늦은 오후
귀뚜라미가 불꽃 속으로 잔가지를 던져 넣는다. 뮬란이 그 옆에서 몸을 움츠리고 있고 칸이 그녀에게 담요를 덮어준다. 무슈가 뮬란에게 다가온다.

---

high treason 대역죄, 내란죄
ultimate 최고/최악/최대의, ~의 극치
restrain 저지/제지하다
cut someone off ~을 제지하다/막아서다
punishment 벌, 형벌
debt 빚, 부채

❶ I didn't mean for it to go this far.
이렇게까지 할 의도는 아니었어요.
mean은 '의도하다'라는 뜻이고 go this far은 '이렇게 멀리 가다/진행되다'라는 의미로 쓰였습니다. 처음 시작할 때는 이렇게까지 심각한 상황을 만들려는 의도는 없었다는 의미죠.

❷ A life for a life. 목숨에는 목숨으로.
성경 구약의 an eye for an eye and a tooth for a tooth '눈에는 눈으로 이에는 이' 표현을 활용한 표현입니다.

MUSHU (depressed) I was this close... This close to impressing the Ancestors... **getting the top shelf**, an **entourage**... man, all my **fine work**, pfft!

Mushu spears a **dumpling** and goes to roast it beside Mulan.

MUSHU (softly) Hi.

MULAN I should never have left home.

MUSHU (**making the best of it**) Hey, c'mon, you went to save your father's life. Who knew you'd end up **shaming** him, disgracing your ancestors, and losing all your friends? (**voice breaking**) You've just gotta learn to **let** these things **go**.

MULAN Maybe I didn't go for my father. Maybe what I really wanted was to **prove** I could do things right... so when I looked in the mirror— (picking up her helmet) I'd see someone **worthwhile**.

She looks at her reflection in the helmet.

MULAN But I was wrong. I see nothing.

She **blinks back tears** as she lets the helmet roll from her hands. Mushu, **touched** by her sadness, picks it up and **spits on** it.

MUSHU (wiping **vigorously**) Well, that's just because this needs a little spit, that's all. Let me shine this up for you; here, look at you, you look so pretty...

무슈 (우울하게) 거의 다 됐는데… 조상님들을 감동시킬 수 있는 기회가 바로 앞까지 왔었는데… 꼭대기 선반을 차지하고, 수호신이 될 기회가… 에잇, 진짜 엄청 잘 하고 있었는데, 쳇!

무슈가 작살을 만두에 찔러 넣고 뮬란 옆으로 가서 구우려고 한다.

무슈 (부드럽게) 안녕.

뮬란 애초에 집을 떠나오는 게 아니었어.

무슈 (최대한 긍정적으로 이야기하려고 하며) 이봐, 넌 아버지를 구하려고 나선 거였잖아. 네가 결국 그를 창피하게 하고, 네 조상들을 망신시키고, 친구들을 다 잃게 될 줄 누가 알았겠느냐고? (울먹거리는 목소리로) 어떻게든 잊어버리려고 노력하는 수밖에.

뮬란 어쩌면 난 우리 아버지를 위해서 나선 것이 아니었을지도 몰라. 어쩌면 내가 정말 원했던 것은 나도 뭔가 제대로 할 수 있다는 것을 증명하고 싶었던 것일지도 몰라… 그래서 내가 거울을 들여다볼 때 – (투구를 들며) 진정으로 가치 있는 사람의 얼굴을 보고 싶어서였을지도.

그녀가 투구 속에 비친 자신의 모습을 본다.

뮬란 하지만 내가 틀렸어. 아무것도 보이지 않으니까 말이야.

그녀가 투구를 던지면서 눈을 깜박거리며 눈물을 참는다. 그녀의 슬픔에 마음이 움직인 무슈가 투구를 들고 그 위에 침을 뱉는다.

무슈 (열심히 닦으며) 아, 그건 얘가 침을 안 발라서 그런 걸지도 몰라. 단지 그 이유 때문일 수도 있다고. 내가 열심히 광을 내 볼게. 자, 봐봐, 너 엄청 예뻐 보인다고…

---

depressed 우울한, 암울한

get the top shelf 맨 위 선반/칸을 차지하다

entourage (주요 인물의) 수행단

fine work (정교한) 작품, 훌륭한 일

dumpling 덤플링, 경단, 만두

make the best of (역경을) 어떻게든 극복하다

shame 창피스럽게/부끄럽게 하다

one's voice breaks (감정이 격하여) 목소리가 끊기다

let something go ~을 풀어주다/놓다

prove 입증/증명하다

worthwhile 가치/보람 있는

blink back tears 눈을 깜박이며 눈물을 참다

touched 감동한, 감정적이 된

spit on ~에 침을 뱉다

vigorously 발랄하게, 힘차게, 격렬하게

Things Will Work Out

결국엔 다 잘 될 거야

🎧 24.mp3

He shows her the helmet – only she doesn't look. Mushu stares at his reflection in Mulan's helmet. Then...

무슈가 그녀에게 투구를 보여준다 – 그런데 그녀가 보지 않는다. 무슈가 뮬란의 투구에 비친 자신의 모습을 응시한다. 그러고는…

바로 이장면! *

MUSHU Look, the truth is, we're both **frauds**. Your ancestors never sent me, they don't even like me. You **risked** your **life** to help people you love. I risked your life to help myself. At least you **had good intentions**.

무슈 이봐, 사실 솔직히 말하면, 우린 둘 다 가짜야. 네 조상님들은 나를 보낸 적이 없고, 그들은 나를 좋아하지도 않아. 너는 네가 사랑하는 사람들을 도우려고 목숨을 걸었잖아. 난 내 자신을 위해서 너의 목숨을 위태롭게 했어. 최소한 넌 그래도 의도만큼은 좋았던 거였는데.

CRIKEE (sadly) CHIRP, CHIRP.

크리키 (서글프게) 찍찍.

MUSHU What? What do you mean, you're not lucky? You lied to me? (Cri-Kee **nods**. Mushu turns to Khan; **sarcastically suspicious**) **And what are you, a sheep?**❶

무슈 뭐야? 무슨 말이야. 너도 행운의 귀뚜라미가 아니라고? 나한테 거짓말한 거야? (크리키가 고개를 끄덕인다. 무슈가 칸에게로 돌아선다: 빈정거리듯 의심스럽게 쳐다보며) 그럼 넌 뭐냐, 양이야?

MULAN I'll have to face my father **sooner or later**. Let's go home.

뮬란 어차피 조만간 아버지를 대면해야만 할 테니. 집으로 가자.

Mushu looks up, then approaches her.

무슈가 위를 올려다보고, 그녀에게 다가간다.

MUSHU Yeah. This ain't gonna be pretty. But don't you worry, okay? **Things will work out.**❷ We started this thing together and that's how we'll finish it. I promise.

무슈 그래. 좋게 풀기는 어려울 거야. 하지만 걱정하지는 마, 알았지? 결국 다 잘 될 거야. 어차피 우리가 함께 시작한 거니까 끝도 함께해야지. 그 점은 내가 약속할게.

---

fraud 사기, 사기꾼, 가짜

risk one's life 목숨을 걸다

have good intentions 좋은 의도를 가지다

nod (고개를) 끄덕이다

sarcastically 비꼬는 투로

suspicious 의혹을 갖는, 수상쩍어 하는

sooner or later 조만간, 머잖아

❶ **What are you, a sheep?**
넌 뭐야, 양이야?
상대방이 하는 행동이나 말이 마음에 들지 않아서 빈정대듯이 쓰는 표현으로 'What are you, + 명사구?' 형식을 씁니다.

❷ **Things will work out.** (상황이) 잘 될 거야.
이 문장의 주어 Things는 구어체에서 '(일이 되어가는) 형편, 상황'이라는 의미로 쓰는 명사이고, work out은 '(일이) 잘 되다/ 풀리다'라는 의미의 숙어입니다.

He hugs her. As Shan-Yu's FALCON FLIES over the **dejected** trio...
The falcon flying over the avalanche site. Shan-Yu's hand **pops out**
of the snow then gets up and glances around— all his men are lost.

SHAN-YU (screaming) Rrrrrrraaaaaaaaaahhh!

Hun Archer, Long-Hair Hun Man, Hun Strong Guy, Hun Bald Man
#1, and Hun Bald Man #2 each pop out of the snow and join Shan-
Yu. They head towards the Imperial City. Mulan and Mushu watch
them **in fear**. Mulan runs back to Khan, picking up the sword Shang
left behind.

MUSHU Uh… home is that way.

MULAN I have to do something.

MUSHU Did you see those Huns? They POPPED outta
the snow! Like **daisies**!

MULAN Are we in this together, or not?

MUSHU (looks **guilty**) Let's go kick some **Huny Buns**!
Wu Hu Ha Ga!

Mushu and Cri-Kee jump on Khan, they ride off to the Imperial City.

EXT. THE IMPERIAL CITY – EARLY EVENING
Beautiful kites fly in the air. Pan down to reveal a large CROWD OF
PEOPLE **lining** the streets of the Imperial City.

GUARD (shouting) **Make way for** the heroes of China!

Mulan peers through the crowd as SHANG rides by on his horse.
Chien Po, Ling, Yao and the rest of the men march solemnly behind
him. All have **sorrowful** looks on their faces.

MULAN Shang!

그가 그녀를 안아준다. 실의에 빠진 그들 위로 샨
유의 매가 날아가는데… 매는 눈사태가 난 곳 위
를 난다. 샨유의 손이 갑자기 눈 위로 뚫고 나오고
그가 빠져나와 주변을 살핀다 – 그의 병사들이 모
두 사라졌다.

샨유 (울부짖는다) 으아아아아!

훈족 궁사, 장발 훈족, 힘센 남자, 대머리 1, 2 모두
눈 속을 뚫고 나와 샨유와 합류한다. 그들은 황성
을 향한다. 뮬란과 무슈가 두려움에 떨며 그들을
지켜본다. 뮬란이 상이 두고 간 검을 집어 들고 칸
에게로 뒤돌아 뛰어간다.

무슈 어… 집은 저쪽인데.

뮬란 어떻게든 해야만 해.

무슈 너 저 훈족 놈들 모습을 봤니? 눈을 뚫고 나
온 놈들이야! 마치 데이지 꽃처럼!

뮬란 함께 할 거야 말 거야?

무슈 (가책을 느끼며) 그래 훈족 나부랭이들을 혼
내주러 가자! 우후하가!

무슈와 크리키가 칸 위로 뛰어오르고 황성으로 출
발한다.

외부. 황성 – 초저녁
아름다운 연들이 하늘 위를 날고 있다. 아래에는
수많은 사람이 황성 거리에서 줄지어 서 있는 모
습이 보인다.

근위병 (소리치며) 중국의 영웅들 나가신다. 길을
비키시오!

뮬란이 군중 사이를 살피는데, 상이 말을 타고 가
고 있다. 치엔포, 링, 야오 그리고 나머지 병사들이
그들 뒤로 근엄하게 행군하고 있다. 모두 우울한
표정을 짓고 있다.

뮬란 샹!

---

dejected 실의에 빠진, 낙담한

pop out 튀어나오다

in fear 두려움에

be left behind 뒤처지다, 뒤에 남게 되다

daisy 데이지 꽃

guilty 죄책감이 드는

honeybunch 〈구어〉 애인, 연인, 귀여운 사람

line ~을 따라 늘어서다

make way for ~에 길을 열어주다

sorrowful 슬픈

Shang and the Gang of Three stop, and turn in surprise.

상과 삼총사가 멈춰서고 깜짝 놀라며 돌아본다.

SHANG   Mulan?

샹 뮬란?

MULAN   The Huns are alive! (motioning) They're in the city!

뮬란 훈족이 살아있어요! (움직이며) 그들이 황성 안에 있다고요!

SHANG   You don't **belong** here, Mulan. Go home.

샹 여긴 네가 있을 곳이 아니야, 뮬란. 집으로 돌아가.

MULAN   Shang, I saw them in the mountains. You have to believe me!

뮬란 샹, 산 위에서 그들을 봤어요. 내 말을 믿으셔야만 해요!

SHANG   Why should I?

샹 왜 내가 믿어야만 하지?

MULAN   Why **else** would I **come back**? You said you'd trust Ping… why is Mulan any different?

뮬란 아니면 제가 왜 돌아왔겠어요? 대장님이 핑은 믿는다고 했잖아요… 왜 뮬란은 못 믿는 거죠?

He **remains** silent.

그가 대답하지 못한다.

MULAN   (to Ling, Yao, and Chien Po) **Keep your eyes open!**[1] I know they are here. HeeYaa!

뮬란 (링, 야오, 그리고 치엔포에게) 정신들 똑바로 차려! 그들이 여기에 있다고. 이럇!

---

belong 소속감을 느끼다, ~에 속하다
else 또 다른, 그 밖의 다른
come back 돌아오다, 복귀
remain 계속 ~이다, 남아 있다

① Keep your eyes open!
정신들 똑바로 차려!
직역하면 '너의 눈을 열어 두고 있다'인데, 다시 말해 '신경을 쓰다, 긴장해라, 정신 차리고 있어라' 라는 위험에 대한 경고라고 볼 수 있어요. eyes 대신 ears (귀를 열고)를 쓸 수 있고, 문장 뒤에 for ~을 붙이면 '~에 대해'를 구체적으로 나타낼 수 있어요.

Disney
MULAN

No One Will Listen
아무도 들으려 하지 않네

🎧 25.mp3

Thunderous fireworks are set off. ON MULAN making her way through the crowd, **frantically** searching for the Huns.

MUSHU   Now, where're you going?

MULAN   To find someone who will believe me.

ON THE **DAIS**
THE EMPEROR appears in his magnificent **robes**. SHANG makes his way up the stairs towards the Emperor, Shan-Yu's sword in his hand. A PAPER DRAGON follows him closely. THE DRUMS STOP and a LOUD **GONG RESOUNDS**. THE EMPEROR stands at the front of the platform and addresses the vast, silent crowd.

바로 이 장면!

EMPEROR My children, Heaven smiles down upon the Middle Kingdom! China will sleep safely tonight. **Thanks to our brave warriors!**[1]

The crowd cheers. Mulan approaches a MAN.

MULAN   Sir, the Emperor's in danger!

The man pushes Mulan's hand away and turns his back on her.

MULAN   But the Huns are here!

She **pleads with** another man in the crowd.

MULAN   Please, you have to help!

The second man ignores her. Mulan turns to Mushu.

우르로 쾅쾅 폭죽들이 터진다. 훈족이 어디에 있는지 미친 듯이 살피면서 군중 사이를 비집고 나가는 뮬란의 모습.

무슈 이젠 또 어디를 가는 거야?

뮬란 나를 믿어줄 사람을 찾으러.

연단 위
황제가 장엄한 관복을 입고 나타난다. 샹이 손에 샨유의 검을 들고 황제를 향해 계단을 오른다. 종이로 만든 용이 그의 바로 뒤를 따른다. 북소리가 멈추고 징 소리가 크게 울려 퍼진다. 황제가 연단 앞에 서서 잠잠해진 엄청난 수의 군중을 향해 연설한다.

황제 나의 백성들이여, 하늘나라가 중국을 향해 미소 짓는 도다! 중국은 오늘 밤 안전하게 잠을 이룰 것이다. 이 모든 것이 우리의 용감한 전사들 덕분이니라!

군중이 환호한다. 뮬란이 한 남자에게 다가간다.

뮬란 저기, 황제께서 위험에 처했어요!

그 남자가 뮬란의 손을 뿌리치며 등을 돌린다.

뮬란 하지만 훈족이 여기에 왔다고요!

그녀가 군중 속의 또 다른 남자에게 간청한다.

뮬란 제발, 도와주셔야 해요!

두 번째 남자도 그녀를 무시한다. 뮬란이 무슈에게로 돌아선다.

---

thunderous 우레 같은, 몹시 화가 난

firework 폭죽, 불꽃놀이

frantically 미친 듯이, 극도로 흥분하여

dais (방 한쪽 끝의) 연단

robe 예복/가운, 대례복, 법복

gong (악기, 신호용) 공/징

resound (소리가 가득) 울리다, 울려 퍼지다

plead with ~에 탄원/항변하다

❶ **Thanks to our brave warriors!**
우리의 용감한 전사들 덕분이다!
thanks to something/someone은 '~에게 감사하다'라는 뜻으로 받아들여도 큰 문제는 없지만, 대체로 '~덕분에/덕택으로'라는 의미로 해석하는 것이 자연스럽답니다.

MULAN	No one will listen!	**뮬란** 아무도 들어주질 않아!
MUSHU	Huh? Oh, I'm sorry, did you say something?	**무슈** 응? 오, 미안. 나한테 뭐라고 했니?
MULAN	Mushu...	**뮬란** 무슈…
MUSHU	Hey, you're a girl again, remember?	**무슈** 이봐, 넌 다시 여자가 되었다고, 기억나니?

ON THE DAIS
Shang steps forward holding Shan-Yu's sword. He **kneels** and holds the sword high in the air.

연단 위
상이 샨유의 검을 들고 앞으로 나선다. 그가 무릎을 꿇고 샨유의 검을 높이 든다.

SHANG Your Majesty, I **present** to you the sword of Shan-Yu.

상 황제 폐하. 샨유의 검을 바치옵니다.

He **offers** the sword to the Emperor.

그가 황제에게 검을 바친다.

EMPEROR I know what this means to you, Captain Li. Your father would have been very proud.

황제 리 대장. 난 이것이 자네에게 어떤 의미인지 잘 알고 있네. 자네 아버지도 자랑스러워했을 걸세.

As Shang begins to hand him the sword... THE FALCON suddenly SWOOPS DOWN, FLYING OFF with the sword. He **RELEASES** it above the palace. A **STATUE** ON THE ROOFTOP reaches its hand up and CATCHES the sword — it's Shan-Yu! Mulan, Mushu and the crowd stare in horror. Shang begins to **draw** his sword. The Huns jump out from behind the dragon, quickly **overtake** Shang, rush the Emperor and carry him inside the palace. Shang pulls himself up and sees the Emperor's hat.

상이 검을 황제에게 건네려는데… 매가 급습하여 검을 잡아채 날아간다. 그가 궁전 위에서 검을 떨어뜨린다. 지붕 위의 상이 손을 뻗더니 검을 잡는다 – 샨유다! 뮬란, 무슈, 그리고 군중이 경악하며 바라본다. 상이 그의 칼을 꺼내려 한다. 훈족 병사들이 (장식) 용 뒤에서 튀어나와, 재빨리 상을 제압하고, 황제에게 몰려들어 그를 붙들고 궁 안으로 들어간다. 상이 정신을 차리고 황제의 모자를 본다.

SHANG No!

상 안 돼!

Ling, Chien Po and Yao run to help Shang.

링, 치엔포, 그리고 야오가 상을 도우려고 뛰어간다.

YAO C'mon!

야오 가자!

AT THE PALACE DOOR
Shang arrives just as the **enormous wooden** door **SLAMS SHUT** and LOCKS. Shan-Yu laughs **derisively**.

궁전 문
거대한 목재 문이 쾅 닫히고 잠긴 후에야 상이 도착한다. 샨유가 조롱하듯 웃는다.

---

kneel 무릎을 꿇다

present (공식적인 의식을 통해) 주다, 수여/증정하다

offer 제의/제안하다, 권하다

release 풀어주다, 석방/해방하다

statue 조각상

draw 뽑아내다, 꺼내다

overtake 추월하다, 불시에 닥치다/엄습하다

enormous 막대한, 거대한

wooden 나무로 된, 목재의

slam shut 거세게 쾅 닫히다

derisively 조소적으로, 우롱하여

The Emperor Won't Succumb

황제는 굴복하지 않는다

🎧 26.mp3

THE PALACE DOOR
Shang, Ling, Chien Po, Yao and the other soldiers **tip over** a giant **foo dog** and use it as a **battering ram**. Mulan watches the troop's **vain attempt** to knock down the door.

MULAN   They'll never reach the Emperor in time.

She starts to think, staring at the **columns**. Then…

MULAN   Hey guys, I've got an idea!

Chien Po, Ling and Yao look at one another, then run after Mulan. Shang **astonished**. Around the corner, Yao, Ling and Chien Po begin to take off their armor and dress as women. They take out their **sashes** and prepare to climb the columns. Shang arrives and taps Mulan on the shoulder, he takes off his **cape** and wraps it around the column. They climb the columns together.

INT. IMPERIAL PALACE TOWER
The twin Elite Huns drag the Emperor to the end of the tower in view of the crowd. SHAN-YU suddenly appears, hanging **upside down** from the **alcove**. He SMILES at the Emperor, then quickly lands in front of him.

SHAN-YU   (to the Emperor) Boo! (to his men) Guard the door. (to the Emperor) Your walls and armies have fallen. And now it's your **turn**. Bow to me.

Shan-Yu draws his sword and points it at the Emperor. Mulan and company hide around the corner.

궁전 문
샹, 링, 치엔포, 야오, 그리고 다른 병사들이 거대한 수호신 조각상을 넘어뜨려서 벽을 부수는 공성 망치로 사용한다. 뮬란이 부서지지 않는 문을 부수려고 애쓰는 병사들의 모습을 바라본다.

뮬란   저래서는 절대 황제에게 시간 안에 도달할 수 없을 거야.

그녀가 기둥을 응시하며, 생각하기 시작한다. 그러고는…

뮬란   이봐, 내게 좋은 생각이 있어!

치엔포, 링 그리고 야오가 서로 눈빛 교환을 한 후 뮬란을 뒤따라 달린다. 샹이 놀란다. 한구석에서, 야오, 링 그리고 치엔포는 그들의 갑옷을 벗고 여장을 한다. 띠를 풀어 기둥을 오를 준비를 한다. 샹이 도착해 뮬란이 어깨를 두드리고, 그도 망토를 풀어 기둥에 두른다. 그들 모두 기둥에 오른다.

내부. 황궁 탑
쌍둥이 훈족 정예 병사들이 황제를 군중들의 눈에 보이는 탑 난간으로 끌고 간다. 샨유가 벽면의 우묵하게 들어간 곳에 거꾸로 매달려 갑자기 나타난다. 그가 황제를 향해 미소 짓더니 재빠르게 그의 앞에 착지한다.

샨유   (황제에게) 어이! (그의 부하들에게) 문을 지켜라. (황제에게) 너의 징성과 부대가 무너졌다. 이제 네 차례야. 나에게 절을 해라.

샨유가 그의 검을 뽑아 황제를 겨눈다. 뮬란과 동료들은 구석에 숨어있다.

---

tip over 넘어뜨리다, 급습하다
foo dog 황제의 궁 앞을 지키는 개/사자 모양의 수호신 조각상
battering ram (예전에 쓰던) 벽을 부수는 공성 망치
vain attempt 헛수고, 헛된 시도
column 기둥
astonish 놀라다
sash (몸에 두르는) 띠, 장식 띠
cape 망토

upside down 거꾸로
alcove (우묵한 벽 공간) 벽감
someone's turn ~의 차례/순서

MULAN	Okay. Any questions?	뮬란 좋아. 질문 있나?
YAO	Does this dress make me look fat? (he is **slapped**) Ow!	야오 이 드레스 입으니까 뚱뚱해 보이지? (찰싹 맞는다) 아위!

INSIDE THE **PARAPET**
The Elite Huns close the door. Mulan holds her fan in front of her face and heads towards the Huns; the others follow.

난간 안쪽
훈족 정예 병사들이 문을 닫는다. 뮬란이 자기 얼굴을 부채로 가리고 훈족을 향해 간다; 그녀의 동료들이 뒤따른다.

OUTSIDE THE TOWER DOOR
The Huns hear **GIGGLES**. The Bald Hun 1 draws his sword but The Bald Hun 2 stops him as the four women approach.

탑 문 외부
훈족 병사들이 쿡쿡 웃음 소리를 듣는다. 대머리 훈족 1이 칼을 들자 대머리 훈족 2가 그를 막는데, 네 명의 여인들이 다가온다.

ARCHER	Who's there?	궁사 거기 누구냐?
BALD HUN 2	Concubines.	대머리 훈족 2 첩들이네.
BALD HUN 1	Ugly concubines.	대머리 훈족 1 못생긴 첩들이야.
LING	Oh, he's so cute.	링 오, 저 사람 너무 귀엽다.

Hun Bald Man 2 smiles and waves back, Hun Bald Man 1 **elbows** Hun Bald Man 2. A bitten apple falls out from **beneath** Ling's dress.

대머리 훈족 2가 웃으며 손을 흔들자, 훈족 1이 훈족 2를 팔꿈치로 쿡 찌른다. 링의 치마 밑으로 한 입 물은 사과가 떨어진다.

SHANG	Aww.	샹 으으

Shan-Yu's Falcon sees Shang and starts to squawk, Mushu from above **singes** off all his feathers with his fire breathing.

샨유의 매가 샹을 보고 꽥 소리 지르려고 하자, 무슈가 그의 불을 뿜어 매의 털을 홀라당 태운다.

MUSHU	Now **that's what I call Mongolian barbecue.** ❶	무슈 이런 걸 바로 몽골리안 바비큐라고 하는 거지.

IN THE PALACE HALLWAY
Mulan, Yao, Ling and Chien Po turn their backs to the Huns and quickly reach into their tunics, pulling out watermelons and apples.

궁정 복도 안
뮬란, 야오, 링, 그리고 치엔포가 몸을 돌려 재빨리 그들의 튜닉에 손을 넣어 수박과 사과들을 꺼낸다.

---

slap (손바닥으로) 철썩 때리다/치다
parapet (다리, 옥상 등 가장자리의) 난간
giggle 킬킬/키득/낄낄거리다. 피식 웃음
concubine (과거 일부 사회의) 첩
elbow 팔꿈치. 팔꿈치로 찌르다
beneath 아래
singe 태우다. 타다

❶ **That's what I call Mongolian barbecue.**
이런 걸 바로 몽골리안 바비큐라고 하는 거지. 사람들에게 무엇의 진수를 보여준다고 할 때 쓰는 표현이에요. 엄청나게 멋진/아름다운 음악을 들은 후 That's what I call music. '저런 걸 진짜 음악이라고 하는 거지' 라고 한답니다. 참고로 몽골리안 명칭은 과거 흉노족(훈족)이 과거 몽골 지역에 있었다는 유래로 추측할 수 있어요.

Catching the Huns **off guard**, CHIEN PO breaks the watermelons over each of the Elite Huns' heads, knocking them out. LING **jams** an apple in the **Swordsman** Hun's mouth. Then KICKS him in the **mid-section** and **CRACKS** his back with his head. YAO **dodges** a punch from The BALD HUN 2 and HITS him in the **stomach**. Picking him up, Yao FLIPS him over his shoulder. **CRUNCH**. The Archer Hun aims an arrow at MULAN. She falls to the ground and KICKS him. She **springs up** and SMASHES the Hun in the face with the ball of her hand.

MULAN　　Shang, go!

IMPERIAL PALACE TOWER
SHAN-YU faces the Emperor.

SHAN-YU I **tire of** your **arrogance**, old man. Bow to me.

The Emperor remains absolutely still.

EMPEROR **No matter** how the wind howls, a mountain
　　　　　　 cannot bow to it.

SHAN-YU Then you will kneel… **in pieces**.

Shan-Yu raises his sword.

훈족이 방심하는 틈을 타 공격한다. 치엔포가 훈족 병사들의 머리에 수박을 씌워 깨부수어 그들을 쓰러뜨린다. 링이 검객 훈족의 입안에 사과를 쑤셔 넣는다. 그리고는 급소를 발로 차고 머리로 그의 허리를 으스러뜨린다. 야오가 가장 덩치 큰 훈족의 펀치를 피하면서 그의 복부를 가격한다. 야오가 그를 들어 올려 자신의 어깨에 업고 뒤집는다. 으드득. 궁수 훈족이 뮬란에게 화살을 조준한다. 그녀가 바닥으로 떨어지며 발차기를 날린다. 그녀가 갑자기 나타나서 손바닥 안쪽으로 그의 얼굴을 가격한다.

뮬란 상, 가요!

황궁의 탑
산유가 황제를 마주한다.

산유 너의 그 오만함이 이젠 지겹다고, 이 노인네야. 나에게 절을 해.

황제가 전혀 미동도 하지 않는다.

황제 바람이 아무리 요동을 쳐도 산은 절대 바람에 절을 하지 않지.

산유 그렇다면 네가 무릎을 꿇을 것이다… 산산조각 난 채로.

산유가 검을 높이 든다.

---

catch someone off guard 방심을 틈타 공격하다

jam (세게) 밀다, 밀어 넣다

swordsman 검객

mid-section 중간부, 중앙

crack 갈라지다, 금이 가다, 깨지다

dodge 재빨리 비키다/피하다

stomach 복부, 위

crunch (단단한 것이 으스러질 때) 으드득/뿌드득

spring up 획 나타나다

tire of ~에 싫증 나다, 질리다

arrogance 오만, 거만

no matter 비록/아무리 ~하더라도

in pieces 산산조각으로

Mushu, the Worst Nightmare

꿈에 나올까 두려운 존재, 무슈

As Shan-Yu begins his **fatal blow**— Shang blocks his sword with a CLANG. He rolls and **donkey kicks** Shan-Yu, sending the Hun against the pillar. Shang **THRUSTS** his sword at him, but Shan-Yu catches the blade and PULLS Shang off of the tower. Shang GRABS the pillar, swings around and KICKS Shan-Yu, then **pins** him. Mulan, Yao, Ling and Chien Po enter the balcony. Mulan throws her sash over a **banner** hanging from a pillar.

MULAN　Chien Po, get the Emperor!

CHIEN PO　Sorry, Your Majesty.

Chien Po picks up the Emperor to the edge of the tower. He uses the sash and banner as a **zip line**, SLIDING with the Emperor down to safety.

SHAN-YU　(realizing) No!!

Shan-Yu **delivers a devastating blow** to Shang, sending him FLYING out into the hall. Yao **zooms down**, calling back to Mulan.

YAO　C'mon!

BACK IN THE TOWER
He turns towards Mulan. She looks down to see Shan-Yu's sword. As Shan-Yu heads to Mulan, she dives for the sword and cuts the zip line. Shan-Yu tries to grab for the falling rope but it falls to the ground. The Emperor, lost in the sea of thousands. Shan-Yu's anger turns to rage.

SHAN-YU　No! Yrraaaaahhhh! (to Shang, who is now **conscious**) You! You **took away** my victory!

산유가 강한 공격을 시작하자 샹이 챙챙하며 그 칼을 막는다. 그가 구르고 당나귀 발차기로 산유를 공격하여 기둥에 부딪게 한다. 샹이 그를 향해 칼을 찌르지만 산유가 칼날을 집고 당겨서 샹을 탑에서 떨어지게 한다. 샹이 기둥을 잡고 빙 돌아 나오면서 산유에게 발차기를 날려서 그를 꼼짝 못 하게 한다. 뮬란, 야오, 링, 그리고 치엔포가 노대(발코니)로 나온다. 뮬란이 기둥에 걸려있는 현수막 위로 장식띠를 던진다.

뮬란　치엔포, 황제를 구해!

치엔포　죄송합니다, 폐하.

치엔포가 황제를 들어 올리고 탑의 난간으로 간다. 그가 띠와 현수막을 집라인처럼 이용하여 황제와 함께 안전한 곳으로 미끄러져 내려간다.

산유　(알아차리고) 안 돼!!

산유가 샹에게 치명타를 날려서 그를 복도까지 날아가게 한다. 야오가 아래에서 뮬란에게 외친다.

야오　어서!

다시 탑 위
산유가 뮬란 쪽으로 몸을 돌린다. 뮬란이 내려다보니 산유의 칼이 있다. 산유가 뮬란을 향해 가는데 뮬란이 뛰어들어 검을 잡고 집라인을 끊어버린다. 산유가 떨어지는 줄을 잡으려 하지만 그것은 바닥에 떨어진다. 황제는 수천 명의 군중 속으로 사라졌다. 산유의 분노가 극에 달한다.

산유　안 돼! 으아아아아아!!! (다시 의식이 돌아온 샹에게) 너! 네가 나의 승리를 날려버렸어!

---

fatal blow 치명타

donkey kick (뒤로 차는) 당나귀 발차기

thrust 밀다, 밀치다, 찌르다

pin (핀으로) 꼼짝 못 하게 하다

banner 플래카드, 현수막, 배너광고

zip line (나무나 지주대 사이로 와이어를 설치하여 빠르게 반대편까지 이동하는) 집라인

deliver a blow 일격을 가하다

devastating 대단한, 파괴적인

zoom down 급하강/상승하다

conscious 의식하는, 의식이 있는

take away 제거하다, 치우다, 없애다

From behind, he's hit with Mulan's shoe.

MULAN   No! I did.

Mulan puts her hair up to look as she did when she first **encountered** Shan-Yu in the mountains. His **face falls** in **recognition**.

SHAN-YU The soldier from the mountains.

Mulan turns and runs down the palace hallway.

SHAN-YU (in frustration) Arrrgh!

He grabs his sword and chases Mulan. Mulan slams the door shut, and he **rams** his fist through the wood. Mulan is joined by Mushu and Cri-Kee, riding the feather-less **hawk**.

바로 이장면!*

MUSHU   **So, what's the plan?**[1]

MULAN   Um…

MUSHU   You don't have a plan?

MULAN   Hey, I'm **making this up** as I… go…

As they pass a window she notices a pile of fireworks and two men.

MULAN   Mushu…

MUSHU   **Way ahead of you, sister!**[2] C'mon, Cri-Kee!

They jump onto a paper kite decoration and float across to the tower. Shan-Yu attacks Mulan, and she **shinnies up** a pole. Shan-Yu cuts down the pole, and Mulan and the pole go through the wall. Mulan jumps up and grabs onto the roof and pulls herself up.

산유가 뒤에서 가격하는 뮬란의 신발에 맞는다.

뮬란 아니! 내가 그랬어.

뮬란이 산에서 처음 산유와 마주쳤을 때의 모습처럼 머리를 올린다. 그가 그녀를 알아보고 얼굴이 일그러진다.

산유 산에서 봤던 그 병사잖아.

뮬란이 돌아서서 궁전의 복도 쪽으로 뛴다.

산유 (분노에 가득 차) 으아아!

그가 자신의 검을 잡고 뮬란을 뒤쫓는다. 뮬란이 문을 쾅 닫는데 산유가 주먹으로 목재문을 뚫는다. 뮬란이 깃털 없는 매를 타고 오는 무슈와 크리키와 합류한다.

무슈 그래. 이제 어쩔 계획이니?

뮬란 음…

무슈 계획이 없는 거야?

뮬란 이봐. 그냥 임기응변으로… 하는…

그들이 창 옆으로 지나가는데 뮬란의 눈에 폭죽 더미와 두 명의 남자가 있는 것이 보인다.

뮬란 무슈…

무슈 이미 그대의 작전을 다 파악했소, 자매여! 가자, 크리키!

그들이 종이 연 장식에 뛰어올라 탑을 향해 날아간다. 산유가 뮬란을 공격하는데 뮬란이 재빨리 기둥을 타고 올라간다. 산유가 기둥을 잘라버리고 뮬란과 기둥이 벽을 뚫고 나간다. 뮬란이 위로 뛰어올라 지붕을 잡고 그 위로 올라간다.

---

encounter (반갑지 않은 일) 맞닥뜨리다
one's face falls (갑자기) 우울한 얼굴을 하다
recognition 알아봄, 인식, 인정/승인
ram 들이받다, 밀어 넣다, 쑤셔 넣다
hawk 매
make it/this up as one goes 계속 임기응변으로 대응하다
shinny up ~ (손과 다리로) 재빨리 ~을 타고 오르다

[1] **So, what's the plan?**
그래서, 네 계획이 뭔데?
어떤 상황을 맞이해서 작전을 구상할 때 주로 쓰는 표현으로 '이제 어떻게 하려? 무슨 작전 이라도 있니?'와 같은 의미로 말할 수 있어요.

[2] **Way ahead of you, sister!**
이미 그대의 작전을 다 파악했소, 자매여!
ahead of you '너를 앞섰다', way는 강조 부사로 구어체에서 '훨씬, 엄청'이라는 의미로 쓰이는 단어로 '너를 훨씬 앞섰다'는 뜻이죠.

INSIDE THE FIREWORKS TOWER
Mushu **gets the attention** of the fireworks **attendant**.

MUSHU   Citizens, I need **fire power**.

FIREWORKS ATTENDANT 1   Aaaagh!

FIREWORKS ATTENDANT 2   Who are you?!

Mushu uses the kite as GIANT WINGS.

MUSHU   (like Batman) Your worst **nightmare**.

Frightened, the fireworks attendants jump out of the tower.

불꽃놀이 탑 안
무슈가 폭죽 담당자들의 주목을 받는다.

무슈   백성들이여, 내가 화력이 필요하다네.

폭죽 담당자 1   아아아!

폭죽 담당자 2   넌 누구냐?!

무슈가 연을 거대한 날개처럼 이용한다.

무슈   (배트맨처럼) 꿈에 나올까 두려워 벌벌 떠는 존재다.

공포에 질린 폭죽 담당자들이 탑에서 뛰어내린다.

---

get the attention 주의를 끌다, 관심을 받다
attendant 수행원, 종업원, 안내원
citizen 시민, 주민
fire power (군대의) 화력
nightmare 악몽
frightened 겁먹은, 무서워하는

Disney
MULAN

You Have Saved Us All

네가 우리 모두를 구했노라

🎧 28.mp3

The crowd looks up.

군중들이 올려다본다.

PERSON IN STREET#1 On the roof.

거리 위의 사람 1 지붕 위에 있다.

PERSON IN STREET#2 Look!

거리 위의 사람 2 저기 봐!

ON THE ROOF
MULAN **crawls out** onto the roof. She **eyes** the fireworks tower ahead of her. Shan-Yu SMASHES through the roof, JUMPING in front of her. She's **trapped**. She searches for a **weapon** but only finds a fan. She pulls it out, opens it. **Fearfully**, she watches Shan-Yu approach.

지붕 위
뮬란이 지붕으로 기어 올라간다. 그녀가 앞에 보이는 불꽃놀이 탑을 쳐다본다. 산유가 지붕을 박살내고 뚫고 나와 뮬란 앞에 뛰어오른다. 그녀는 오도 가도 못하는 상황이다. 그녀가 무기를 찾지만, 달랑 부채만 있다. 그녀가 부채를 꺼내어 펼친다. 그녀는 산유가 다가오는 것을 두려워하며 바라본다.

SHAN-YU (smiling) It looks like you're out of ideas.

샨유 (미소 지으며) 이제 아무런 생각도 안 떠오르나 보구나.

SHAN-YU **stabs** his sword through the fan. MULAN **SNAPS** the fan **shut** on the **blade**, **TORQUES** it from his hand and CATCHES the sword.

산유가 칼로 부채를 관통하며 찌른다. 뮬란이 칼날에 박힌 부채를 탁 뒤틀어 그의 손에서 떨어지는 칼을 잡는다.

MULAN **Not quite**. (calling) Ready Mushu?

뮬란 그건 아닌 것 같은데. (외치며) 준비됐니, 무슈?

AT THE OTHER END OF THE ROOF
Mushu rips off the kite wings, **exposing** a **rocket strapped** to his back.

지붕의 반대편
무슈가 연 날개들을 뜯어내니 그의 등에 묶여있는 화전(로켓)이 드러난다.

MUSHU I am ready, Baby!

무슈 난 당연히 준비됐지, 자기야!

Mushu lights a stick and hands it to Cri-Kee.

무슈가 막대기에 불을 붙여서 크리키에게 건넨다.

MUSHU Light me!

무슈 내게 불을 붙여!

---

crawl out 살금살금 나오다

eye (의심스러워서) 쳐다보다

trap 가두다, 끼이다

weapon 무기

fearfully 무서워하며, 걱정스럽게

stab (뾰족한 것으로) 찌르다

snap 딱/툭 부러뜨리다/끊다, 재빨리 움직이다

shut (문 등을) 닫다, (뚜껑 등이) 덮인

blade (칼, 도구 등의) 날

torque 회전력, 토크

not quite 완전히/그다지 ~하지는 않는

expose 드러내다, 폭로하다

rocket 로켓, 화전

strap 끈/줄/띠, 끈/줄/띠로 묶다

Shan-Yu **LUNGES** at Mulan. She avoids the blow and uses the sword as a vault to **deliver a kick** to Shan-Yu's chin. She falls to the roof and **sweeps** her feet, knocking Shan-Yu's legs out from under him. Cri-Kee lights the rocket fuse. It SPEEDS off toward SHAN-YU and MULAN. Mulan plants the sword in Shan-Yu's tunic, sticking him to the roof. THE ROCKET **SMASHES into** Shan-Yu— and carries him off the roof towards THE FIREWORKS TOWER.

SHAN-YU AGGGHH!

Mulan **runs with all** her **might**.

MULAN   **Get off** the roof, get off the roof, get off the roof!

CLOSE ON SHAN-YU, horrified, as he SLAMS into THE FIREWORKS TOWER, setting off the world's HUGEST EXPLOSION! She grabs a lantern rope and starts to slide down, then lands on the back of Shang causing the two of them to fall to the ground. MUSHU and CRI-KEE drop from the sky. Mushu looks at the black smoke streaming from the right **wing** of the Imperial Palace, completely **decimated**.

MUSHU   Ahahaha! (whistling; to Cri-Kee) You are a lucky bug!

ON THE DAIS
Shang smiles as Yao, Ling and Chien Po come up the stairs to join them. CHI FU emerges from the smoke, his hat **smoldering**.

CHI FU   (ranting) That was **a deliberate attempt on** my life! Where is she? Now she's **done it**! What a mess!

He tries to reach Mulan, only the men stand **protectively** around her.

샨유가 뮬란을 향해 뛰어든다. 뮬란이 공격을 피하면서 샨유의 턱에 발차기를 날리려고 칼을 장대로 이용한다. 그녀가 지붕에 엎어지면서 그녀의 두 발을 미끄러지듯 돌리면서 하단 돌려차기로 샨유의 다리를 쳐서 그를 넘어뜨린다. 크리키가 화전 도화선에 불을 붙인다. 화전이 샨유와 뮬란이 있는 방향으로 빠른 속도로 날아간다. 뮬란이 샨유의 튜닉 옷에 칼을 꽂아 그를 지붕에 고정한다. 화전이 샨유를 들이박고 그를 태우고 지붕에서 벗어나 폭죽 탑으로 날아간다.

샨유 으아아!

뮬란이 젖 먹던 힘을 다해서 달린다.

뮬란 지붕에서 내려와, 지붕에서 내려와, 지붕에서 내려와야 해!

공포에 휩싸인 샨유의 모습이 클로즈업되고, 그가 폭죽 탑을 그대로 들이박으면서 엄청난 폭발이 일어난다. 뮬란은 전등 줄을 잡고 미끄러져 내려와, 상 뒤쪽에 착지하여 두 사람 모두 바닥에 나뒹군다. 무슈와 크리키가 하늘에서 떨어진다. 무슈가 완전히 훼손된 황궁의 오른쪽 건물에서 흘러나오는 검은 연기를 본다.

무슈 아하하하! (휘파람을 불며; 크리키에게) 넌 정말 복덩이구나!

연단 위
야오, 링 그리고 치엔포가 계단을 올라와 합류하자 상이 미소 짓는다. 치푸가 감투에서 연기를 뿜으며 연기 속에서 등장한다.

치푸 (고함치며) 이건 의도적으로 내 목숨을 노린 거야! 그녀는 어디 있는 거냐? 결국 일을 저질렀네! 이게 웬 난리냐고!

그가 뮬란에게 손을 뻗으려고 하는데, 그녀의 주변으로 남자들이 그녀를 보호하며 선다.

---

lunge 달려들다, 돌진하다

deliver a kick 발차기를 날리다

sweep (사람이) 미끄러지듯 움직이다, 내밀다

smash into ~와 격돌하다, 충돌하다

run with all one's might/strength 열나게 달리다

get off 내리다

wing (건물, 본관 한쪽 돌출된) 동, 부속건물

decimate 대량으로 죽이다, 심하게 훼손하다

smolder 그을려서 검게 하다, 타다

rant 고함치다, 큰소리로 불평하다

deliberate 고의의, 의도적인

an attempt on ~을 노린 시도

have done it 완수하다, 끝내다, 실패하다

protectively 보호적으로, 방어적으로

CHI FU   Stand aside! That **creature's** not worth protecting.

치푸   비켜서라! 저것은 보호할 가치도 없다.

SHANG   She's a hero!

샹   그녀는 영웅이오!

CHI FU   She's a woman! She'll never be worth anything!

치푸   그녀는 여자요! 그녀는 앞으로도 죽 그 어떤 가치도 없을 거란 말이오!

Shang grabs him.

샹이 그를 잡는다.

SHANG   Listen, you **pompous**—

샹   내 말 들어, 이 거만한—

EMPEROR   (O.S.) (quietly; **measured**) That is enough!

황제   (화면 밖) (조용히; 침착하게) 그만!

The men and Mulan turn to see THE EMPEROR solemnly approaching.

남자들과 뮬란이 몸을 돌려 근엄하게 다가오고 있는 황제를 본다.

SHANG   Your Majesty, I can explain—

샹   황제 폐하, 제가 어떻게 된 경위인자—

The Emperor holds up his hand and **waves** them **aside**. They **part**, revealing Mulan. She nervously bows her head.

황제가 손을 들어 손짓으로 그들을 옆으로 물러가게 한다. 그들이 옆으로 갈라서자 뮬란이 보인다. 그녀가 긴장하며 머리를 조아린다.

EMPEROR   **I've heard a great deal about you,**[1] Fa Mulan. (**sternly**) You stole your father's armor, ran away from home... **impersonated** a soldier... **deceived** your commanding officer... dishonored the Chinese army... destroyed my palace... AND...

황제   파 뮬란. 내 너에 대한 이야기를 참 많이 들었노라. (준엄하게) 넌 네 아비의 갑옷을 훔쳐 가출을 했고… 병사 행세를 했으며… 너의 지휘관을 속였으며… 중국 군대의 명예를 실추시켰고… 나의 황궁을 파괴했다… 그리고…

Mulan lowers her eyes, shaking in fear.

뮬란이 두려움에 떨며 눈길을 떨군다.

EMPEROR   ...you have saved us all.

황제   …네가 우리 모두를 구했노라.

Mulan looks up at the Emperor. He smiles, then does the unthinkable... he BOWS to her. Chi Fu, in shock, can only do the same. Shang, Yao, Chien Po and Ling bow as well. In fact, Mulan watches in shock as the ENTIRE PLAZA begins to bow and CHEER.

뮬란이 황제를 올려다본다. 그가 미소 짓는다. 그리고는 상상도 할 수 없는 행동을 한다… 그가 그녀에게 절을 한다. 치푸가 경악하지만, 자신도 똑같이 하는 것 외에는 달리 방도가 없다. 상, 야오, 치엔포, 그리고 링 역시 그녀에게 절을 한다. 실은 그들뿐만 아니라 광장에 모인 모든 사람들이 그녀에게 절하며 환호하기 시작하는 모습을 뮬란이 깜짝 놀라며 바라본다.

---

creature 생물, 피조물, 사람

pompous 젠체하는, 거만한

measured 신중한, 침착한

wave aside ~을 물리치다

part 헤어지다

sternly 엄격하게, 준엄하게

impersonate 가장하다, 흉내 내다

deceive 속이다, 기만하다

❶ I've heard a great deal about you.
네 이야기를 정말 많이 들었다.
이미 지인들로부터 수 차례 이야기를 전해 들은 처음 만난 상대에게 '당신에 대한 이야기는 주변에서 정말 많이 들었어요'라고 인사하며 쓰는 표현이에요. I've heard a lot about you. 라고 말하기도 하는데 '많이, 다량으로'라는 뜻을 가진 a great deal이 a lot보다 임팩트가 강한 표현이에요.

What Mulan Has Done for China

뮬란이 중국을 위해 한 일

🎧 29.mp3

Khan lowers his head; Mushu and the cricket sit on his saddle.

칸이 그의 머리를 내린다. 무슈와 귀뚜라미가 그의 안장에 앉는다.

MUSHU (crying) Our little baby is all grown up and saving China! (to Cri-Kee) Do you have a tissue?

무슈 (울며) 우리 아가가 이제 다 커서 중국을 구하는구나! (크리키에게) 휴지 있니?

바로 이 장면!*

EMPEROR Chi Fu!

황제 치푸!

CHI FU Your Excellency.

치푸 네, 황제 폐하.

EMPEROR **See to it that** this woman **is made** a member of my **council**.

황제 반드시 이 여인을 황실 보좌관으로 임명하도록 하라.

Chi Fu can **hardly contain** his shock.

치푸가 거의 충격을 견디지 못할 지경이다.

CHI FU (muttering) A member— uh … what?! Ah, **there are no council positions open,❶** Your Majesty!

치푸 (투덜대며) 보좌— 어… 뭐라고요?! 아, 현재 보좌관 자리에 공석이 없습니다. 폐하!

EMPEROR Very well… (to Mulan) You can have his job.

황제 그렇구나… (뮬란에게) 네가 저 사람의 자리를 대신하면 되겠구나.

CHI FU Wha— ?!? My— ?!? (**faints**)

치푸 뭐라— ?!? 나의— ?!? (실신한다)

MULAN **With all due respect,❷** Your Excellency, I think I've been away from home long enough.

뮬란 외람된 말씀이오나, 폐하, 제가 집을 너무 오래 떠나 있었던 것 같사옵니다.

EMPEROR (reaching around his neck) Then… (giving her his **pendant**) … take this. So your family will know what you have done for me.

황제 (자기 목 주변으로 손을 가져가며) 그렇다면… (그녀에게 그의 장신구를 주며) … 이걸 가져가라. 그리하면 네가 나를 위해 무엇을 했는지 네 가족이 알 수 있을 것이다.

Your Excellency 각하, 폐하

see to it that… 반드시 ~하도록 조처하다

be made (+ 직책) ~이 되다

council 의회, 자문위원회

hardly 거의 ~할 수가 없다

contain 억누르다, 참다

faint 실신/기절/졸도하다

pendant (목걸이 줄에 거는 보석) 펜던트

❶ **There are no positions open.**
일할 자리가 없다.
positions는 '취업/일자리'를 뜻해요. 일자리가 있는 것은 open 또는 available로 쓸 수 있는데, Do you have any positions open? '취업/일자리가 있나요?' 이렇게 표현하죠.

❷ **With all due respect** 대단히 죄송하지만
상대방이 불쾌하게 생각할 수도 있는 말을 할 때 그럴 의도는 아니라고 하며 미리 밝혀두는 말이에요.

Mulan **gratefully accepts** his gift.

EMPEROR (handing her Shan-Yu's sword) And this... so the world will know what you have done for China.

율란이 감사해하며 그의 선물을 받는다.

황제 (그녀에게 샨유의 검을 건네며) 그리고 이것은… 네가 중국을 위해 무엇을 했는지 온 세상이 다 알게 할 것이다.

Mulan holds it **reverently**, then throws her arms around the Emperor. The Emperor reacts, **pleasantly** surprised.

율란이 경건한 마음으로 검을 받아 들고, 황제를 끌어안는다. 황제가 유쾌하게 놀란 반응을 보인다.

YAO (whispering; to Ling) Is she **allowed to** do that?

야오 (속삭이며; 링에게) 저래도 되는 건가?

Mulan turns to the Gang of Three and hugs each of them. Chien Po comes up and lifts all three of them off the ground in a big hug. Mulan turns to Shang– they **awkwardly regard** each other.

율란이 삼총사에게로 돌아서서 한 명씩 포옹한다. 치엔포가 나타나 그들 셋 모두를 안고 들어 올린다. 율란이 상에게로 돌아서서 – 서로 간에 어색하게 대한다.

SHANG Um... you... you fight good.

상 음… 너는… 너는 싸움을 잘하는구나.

MULAN (disappointing) Oh, thank you.

율란 (실망하며) 오, 고마워요.

Shang doesn't know what else to say. Mulan turns and mounts Khan.

상이 더 이상 무슨 말을 해야 할지 모른다. 율란이 돌아서서 칸에 올라탄다.

MULAN Khan, let's go home.

율란 칸, 집으로 가자.

As they ride off to the CHEERS of the crowd. The Emperor **approaches** Shang.

군중들의 환호를 받으며 그들이 떠나고, 황제가 상에게 다가간다.

EMPEROR (clearing his **throat**) The flower that blooms **in adversity** is the most **rare** and beautiful of all.

황제 (헛기침하며) 역경 속에서 피는 꽃이 가장 진귀하고 아름다운 법이라네.

SHANG Sir?

상 네?

EMPEROR You don't meet a girl like that every **dynasty**.

황제 수백 년이 지난다 해도 저런 여자를 만나기는 쉽지 않지.

---

gratefully 감사하여, 기꺼이

accept 받아들이다, 수락하다

reverently 경건하게, 겸손하게

pleasantly 즐겁게, 유쾌하게

be allowed to ～하는 것이 허용되다

awkwardly 어색하게

regard ～을 ～으로 여기다

approach 다가가다(오다)

clear one's throat 헛기침하다

in adversity 역경에 처하여

rare 드문, 진귀한, 희귀한

dynasty 왕조, (동일 가문이 다스리는) 시대

The Gifts to Honor the Fa Family

파 가문을 영예롭게 하는 하사품

🎧 30.mp3

EXT. MULAN'S HOUSE – DAY
Mulan stands at the **gate** to see her father, sitting under a **cherry blossom tree**. A **slight breeze** blows a blossom into Fa Zhou's lap. He looks at it **tenderly** as Mulan approaches, carrying Shan-Yu's sword. Fa Zhou looks up and sees her.

외부. 뮬란의 집 – 낮
뮬란이 벚꽃 나무 아래 앉아 있는 아버지를 보려고 문 앞에 서 있다. 가벼운 산들바람이 파주의 무릎 위로 꽃을 불어온다. 뮬란이 샨유의 검을 들고 그에게로 다가올 때 그가 꽃을 다정하게 보고 있다. 파주가 고개를 들어 뮬란을 본다.

바로 이장면!*

FA ZHOU Mulan…

파주 뮬란…

Before he can rise, Mulan kneels before him.

그가 일어서기에 앞서 뮬란이 그에게 무릎을 꿇는다.

MULAN Father…

뮬란 아버지…

She presents the sword to him and bows.

그녀가 그에게 검을 선사하며 절을 한다.

MULAN I brought you the sword of Shan-Yu. (**taking off** the **crest**) And the crest of the Emperor. They're gifts to honor the Fa family.

뮬란 아버지께 샨유의 검을 가져왔어요. (문장을 벗으며) 그리고 황제의 문장도 가져왔어요. 파 가문을 영예롭게 해 주는 하사품이에요.

Fa Zhou solemnly takes it and **puts** it **aside**. He pulls Mulan to him, **gathering** her in a **heartfelt embrace**.

파주가 엄숙하게 그것을 받아 옆으로 놓는다. 그가 뮬란을 잡아당겨 마음속 깊은 곳으로부터의 포옹을 한다.

FA ZHOU The greatest gift and honor is having you for a daughter. I've missed you so.

파주 내게 최고의 선물과 영예는 너 같은 딸을 둔 것이야. 너무나도 보고 싶었다.

MULAN I've missed you, too, Ba-ba.

뮬란 저도요, 아빠.

They hug.

그들이 포옹한다.

EXT. FA FAMILY **COURTYARD** – DAY
Fa Li and Grandmother Fa happily watch the **reunion**.

외부. 파 가문의 안뜰 – 낮
파리와 파 할머니가 그들의 재회를 행복한 표정으로 바라본다.

---

gate 문, 정문, 대문

cherry blossom tree 벚꽃나무

slight 약간의, 조금의

breeze 산들바람, 미풍

tenderly 상냥하게, 친절하게

take off (옷 등을) 벗다

crest (가문, 조직 등을 상징하는) 문장/심벌

put aside ~을 한쪽으로 치우다

gather (사람을) 끌어당기다/안다

heartfelt 진심 어린

embrace 포옹

courtyard (성, 저택에 둘러싸인) 뜰/마당

reunion (사람들의 친목) 모임, 동창회

GRANDMA FA Great! She brings home a sword. **If you ask me**, she should've brought home a man!

파 할머니 내 참! 집에 검을 가져오다니. 내 생각엔 말이지, 남자를 데려왔어야지!

Shang approaches them.

상이 그들에게 다가온다.

SHANG (O.S.) Excuse me, does Fa Mulan live here?

상 (화면 밖) 실례합니다. 혹시 파 뮬란이 여기에 사나요?

Fa Li and Grandmother Fa stare at him **silently** for a moment, then point **in unison** towards the garden. As he steps past them...

파리와 파 할머니가 잠시 말없이 그를 바라본다. 그러다가 둘이 똑같이 손가락으로 정원을 가리킨다. 그가 그들을 지나서 가는데…

SHANG Thank you.

상 감사합니다.

GRANDMA FA Woo! **Sign** me **up** for the next war!

파 할머니 우후! 다음에 전쟁 나면 나도 입대 신청해 줘!

EXT. FA FAMILY GARDEN
Shang enters the garden and **walks up to** Fa Zhou.

외부. 파 가문 정원
상이 정원으로 들어와서 파주 앞으로 걸어간다.

SHANG (bowing) **Honorable** Fa Zhou, I—

상 (절을 하며) 훌륭하신 파주 어르신, 저는—

Shang stops as he sees MULAN approaching.

뮬란이 다가오는 것을 보고 상이 멈춘다.

SHANG (to Mulan) Mulan! Uhhhh… you forgot your helmet. Well, actually it's your helmet, isn't it, I mean…

상 (뮬란에게) 뮬란! 어어어… 네가 투구를 잊고 가서. 아, 사실 어르신의 투구죠, 그죠, 그러니까 제 말은…

Mulan **smiles at** him.

뮬란이 그에게 미소 짓는다.

MULAN Would you like to stay for dinner?

뮬란 저녁 드시고 가실래요?

GRANDMA FA Would you like to stay forever?

파 할머니 영원무궁토록 있을래요?

As Mulan and Shang smile...

뮬란과 상이 함께 미소 짓고…

SHANG Dinner would be great.❶

상 당연히 좋죠.

If you ask me 내 개인적인 의견으로는
silently 아무 말없이, 조용히
in unison 일제히, 제창으로
sign up ~에 등록하다/신청하다
walk up to ~에 걸어서 다가가다
honorable 고결한, 정직한, 훌륭한
smiles at ~을 보고 미소 짓다

❶ **Dinner would be great.**
당연히 좋죠.
누군가 무엇을 하자고 제안했을 때 긍정적인 호응으로 답할 수 있는 표현입니다. 일상 생활에서 자주 사용할 수 있죠. 앞에 Dinner 대신 That을 넣을 수도 있고, 끝에 great 대신 cool을 써도 좋습니다.

EXT. FA FAMILY TEMPLE
AT THE WINDOW; Mushu and the First Ancestor watch Mulan, Shang and Fa Zhou walk towards the **moon gate**.

외부. 파 가문 회당
창문에서; 무슈와 제1대 조상이 뮬란, 상, 그리고 파주가 원형문으로 걸어오는 모습을 바라본다.

MUSHU (cocky; **coaxing**) Come on, who did a good job? C'mon, who did a good job?

무슈 (잘난척하며; 꼬드기며) 어서요, 누가 잘한 거죠? 말해보라고요, 누가 잘했어요?

FIRST ANCESTOR (begrudgingly) Oh, all right! (**under his breath**) You can be a guardian again.

1대 조상 (마지못해) 아, 그래 알겠다! (작은 소리로) 다시 수호신 시켜주마.

MUSHU A A A A A H H H - H A A A A A A A A A!!! Whoohoohoohoohoooo!

무슈 아아아아ㅡ하아아아아!!! 우후후후!

Cri-Kee rings the gong and wakes up the other guardians. Mushu hops back onto his spot.

크리키가 징을 울려서 다른 수호신들을 깨운다. 무슈가 다시 그의 자리로 뛰어올라간다.

MUSHU **Take it**, Cri-Kee!

무슈 시작해, 크리키!

Cri-Kee plays a set of drums, and all the ancestors dance. The GUARDIANS CHEER and begin to **celebrate**.

크리키가 드럼을 치고 모든 조상님들이 춤을 춘다. 수호신들이 환호하며 축하하기 시작한다.

ANCESTOR #2 You know, she gets it from my side of the family!

조상 2 이봐, 뮬란이 우리 쪽 집안을 닮아서 저런 거야!

Mushu **swings** on a **chain**, yelling. He falls off and goes sliding out the Temple door.

무슈가 쇠사슬에 매달려 그네를 타며 소리 지른다. 그가 떨어져서 회당 문밖으로 미끄러져 나간다.

MUSHU **Call out** for eggrolls!

무슈 춘권 시켜라!

FIRST ANCESTOR Guardians.

1대 조상 수호신들이란.

MULAN Thanks, Mushu.

뮬란 고마워, 무슈.

She **kisses** him **on the forehead**. Suddenly, Little Brother, **followed by** a herd of chickens, bursts into the Temple.

그녀가 그의 이마에 뽀뽀한다. 갑자기, 강아지(리틀 브라더)가 회당으로 불쑥 뛰어들어오고, 그 뒤로 한 무리의 닭들이 뒤따른다.

FIRST ANCESTOR MUSHU!!!!

1대 조상 무슈!!!

THE END

끝

---

moon gate (중국 건축물의) 원형문
coax 구슬리다, 달래다
begrudgingly 마지못해, 떨떠름하게
under his breath 작은 소리로
take it 시작하다, ~에 착수하다
celebrate 기념하다, 축하하다
swing 흔들리다/흔들다
chain 체인, 사슬, 쇠줄

call out 소리쳐 부르다, 요구하다
eggroll 계란말이 같이 만든 춘권, 에그롤
kiss someone on the forehead ~의 이마에 뽀뽀하다
followed by 뒤이어, 잇달아

Disney MULAN

30장면으로 끝내는
스크린 영어회화 – 겨울왕국2

구성
· 전체 대본
· 훈련용 워크북
· mp3 CD

라이언 강 해설 | 312면 | 18,000원

국내 유일! 〈겨울왕국2〉 전체 대본 수록!

다시 찾아온 '겨울왕국' 열풍!
〈겨울왕국2〉의 30장면만 익히면 영화 주인공처럼 말할 수 있다!

난이도	첫걸음 초급 중급 고급	기간	30일
대상	영화 대본으로 재미있게 영어를 배우고 싶은 독자	목표	30일 안에 영화 주인공처럼 말하기

스크린 영어 리딩 –
어벤져스, 에이지 오브 울트론, 인피니티 워

케일린 신 번역 및 해설	박민지 번역 및 해설	박민지 번역 및 해설
524면 | 16,000원	296면 | 14,000원	520면 | 16,000원

구성 | · 영화를 소설화한 **원서 영한대역** · 단어장과 표현 설명 **워크북**

국내 유일! 〈어벤져스〉 원서 수록

영어 고수들이 추천하는 최고의 영어 학습법, 원서 읽기!
영화만큼 흥미진진한 〈어벤져스〉 원서로 책장 넘어가는 짜릿함을 느낀다!

난이도 첫걸음 | 초급 | 중급 고급   **목표** 원서 한 권 완독하기

대상 원서 읽기로 영어 실력을 향상하고 싶은 독자

30장면으로 끝내는
스크린 영어회화 - 알라딘

라이언 강 해설 | 362면 | 18,000원

국내 유일 ! 〈알라딘〉 전체 대본 수록 !

아그라바 왕국에서 펼쳐지는 마법 같은 모험!
〈알라딘〉의 30장면만 익히면 영어 왕초보도 영화 주인공처럼 말할 수 있다!

난이도	첫걸음 | 초급 중급 | 고급	기간	30일
대상	영화 대본으로 재미있게 영어를 배우고 싶은 독자	목표	30일 안에 영화 주인공처럼 말하기

Disney
뮬란